스웨덴의 노인을 위한
복지와 치유적 공간환경

스웨덴의 노인을 위한
복지와 치유적 공간환경

Welfare and Therapeutic Environment for the Elderly in Sweden

이숙영 지음

배려하며 더불어 살아가는 사회

스톡홀름 시내를 다니면서, 어느 건축대학의 강의실 모습을 보면서, 스웨덴의 노인 주택들을 방문하면서 느낄 수 있었던 것은 배려하면서 함께 누리며 살아가는 사회라는 점이었다. 흔히 주류계층들만이 누릴 수 있고 주장할 수 있는 삶의 질을 비주류계층들도 동일하게 혜택받을 수 있도록 사회복지체제가 원활하게 지원해 주고 있음을 일상생활 속에서 깨달을 수 있었던 것이다. 많은 사람들이 타고 다니는 버스의 높이를 낮출 수 있는 저상버스, 지하철까지 편리하게 내려갈 수 있도록 역마다 설치된 엘리베이터, 모든 건물마다 기본적으로 설치되어 있는 경사로와 문을 자동으로 열 수 있는 자동스위치. 그리고 아무런 편견 없이 보는 주변 사람들 덕분에 휠체어나 보행기 사용자들이 어느 곳이든 자유롭게 다닐 수 있었다. 청각 장애가 있는 어느 한 학생을 위해 수화전문가 두 명이 번갈아 가며 수업내용을 그대로 손짓으로 전달해 주는 대학 강의실의 모습을 보면서, 누구나 동일하게 좋은 삶의 질을 누릴 수 있는 사회임을 알게 되었다. 노인주택을 개조할 때도, 비록 시간과 노력이 많이 소요될지라도, 실제 거주하실 노인분들의 의견과 요구사항, 그 가족들과 직원들의 견해들을 건축계획에 반영시키는 것을 보면서, 일반 주택가와 심지어 유치원 옆에 노인주택이 들어서는 것을 지극히 자연스럽게 받아들이는 모습을 보면서, 배려하면서 함께 살아가는 곳임을 확인할 수 있었다.

이러한 사회가 만들어진 것은 기본적으로 주류계층이나 정책에 영향력을 미치는 사람들이 그렇지 않은 사람들의 삶의 질을 중요시 여기는 태도와 철학을 갖고 있기 때문일 것이다. 노인이나 장애가 있는 사람들의 일상생활이 하나의 작은 장애물로 인해 힘들어질 수 있으며 하나의 작은 지원으로 인해 편리해진다는 기본 개념을 지니고 있기에 치유적 공간환경에 대한 접근이 가능하였을 것이다. Barbro Beck-Friis 박사가 지적하였듯이, 치유적 공간환경은 노인 개개인을 존경하는 태도에서 출발하며 노인을 돌보는 직원과 노인들이 함께 즐거운 시간을 보낼 수 있는 곳이다.

이 책은 스웨덴의 실제 현황과 사례에 초점을 맞추어 스웨덴 노인들의 삶의 질에 직접적인 영향을 미치고 있는 노인복지환경과 함께 노인주택 사례들을 쉽고 간결하게 설명해 놓았다. 이 책의 내용은 크게 두 부문으로 나누어 볼 수 있다. 스웨덴 건강복지부(Socialstyrelsen)의 Leif-Rune Strandell 씨의 승낙하에 'Good Housing for Older People and People with Disabilities' 내용을 근거로 작성한 노인을 위한 복지환경 및 주거환경과 특수주택의 미래 부문이 그 하나이다. 다른 부문은 노인주택 사례를 중심으로 구성되었는데, 스웨덴의 여러 노인주택들을 방문, 조사하면서 그중 치유적 공간환경 개념을 잘 설명해 줄 수 있는 사례들을 설명하였다. 여기서 소개된 사례들은 Research Center Design & Health의 Alan Dilani 소장과 Projector Manager Agneta Morelli의 추천으로 선정된 것이다. 이들은 모두 치유적 공간환경 개념을 갖고 각자 주어진 상황과 조건에 맞게 해결한 사례들로, 거주노인과 그들을 돌보는 직원들, 더 나아가 노인가족들도 만족해하는 노인주택의 훌륭한 방향을 제시해 주었다.

몇 년 동안 망설이고 주저하였던 이 책이 세상에 나올 수 있도록 용기를 주신 주님께 감사를 드린다. 미흡하고 부족하더라도 스웨덴 사회에서 보고 얻은 자료들을 이 책을 통해 다른 사람들과 함께 공유하라고 '나눔'이라는 단어를 늘 마음속에 두셨기에 가능한 일이 되었다. 노인주택과 관련된 연구와 관심을 지속적으로 갖게 해 주시고 격려해 주신 이연숙 교수님과 Alan Dilani 소장님께 이 자리를 빌려 감사드리며 옆에서 노인주택 답사 일정과 담당자들과의 연락 및 회의 등을 몇 년 동안 직접 챙겨준 Agneta Morelli에게 진심으로 감사드린다. 사진촬영을 위해 먼 곳까지, 때론 이른 아침부터 동행해 준 송규진 선생님과 한 장의 사진을 위해 눈 속을 헤매며 수고해 준 큰아들 우성지 군에게 따뜻한 마음을 전하며 바쁜 일정 속에서도 세밀하게 교정을 해 준 이수진 선생님에게도 고마움을 전한다. 출판을 쾌히 허락하신 한국학술정보(주) 출판사업부 김남동 님께 감사드린다.

2011. 함께 더불어 살아가는 미래 노령사회를 맞이하는데
이 책이 조금이라도 도움이 되기를 바라는 마음으로
이숙영

차례

Welfare and Therapeutic Environment for the Elderly in Sweden

1장

노인을 위한 복지환경

Welfare System for the Elderly

1. 고령사회

스웨덴이 고령화 사회로 진입한 때는 지금으로부터 약 120년 전인 1887
년으로 그 당시 65세 이상 되는 노인 인구는 전체 인구의 7.0%를 차지하였
다. 그로부터 84년이 지난 1971년에 이르러 65세 이상 노인인구는 14.0%가
됨으로써 고령사회에 들어섰으며 2009년 현재 노인인구는 약 169만 명으
로 전체 인구의 18.1%를 차지하고 있다(www.scb.se). 미래 2015년에는 스
웨덴의 노인인구가 약 193만 명으로 전체 인구의 20%에 도달하여 초고령
사회에 도달하게 될 것이며 2040년에는 4명 중 1명이 노인인 상황이 될 것
으로 예측하고 있다. 스웨덴 사람의 평균 수명을 살펴보면 1980년에는 남

■ 표 1.1. 스웨덴의 노인인구

2010.04.15 자료기준(단위: 천 명)

연도별	1887	1971	1980	1990	2000	2009
전체인구	4,734	8,115	8,317	8,590	8,882	9,341
65세 이상 노인 인구(%)	331 (7.0)	1,141 (14.0)	1,362 (16.3)	1,526 (17.7)	1,530 (17.2)	1,691 (18.1)

출처: SCB Statistics Sweden

■ 표 1.2. 스웨덴의 미래 노인인구 예측

(단위: 천 명)

연도별	2015	2020	2030	2040	2050
전체인구	9,460	9,680	10,048	10,267	10,502
65세 이상 노인 인구(%)	1,923 (20.3)	2,056 (21.2)	2,303 (22.9)	2,464 (24.0)	2,478 (23.6)

출처: Statistics Sweden (2008), 'The future population of Sweden 2006~2050'

자 72.4세, 여자 78.5세였으며 2008년 현재 남자 78.7세, 여자 82.9세로 나타났다. 스웨덴의 평균 수명은 유럽국가 중에서도 높은 편인데 2005년의 경우에는 여성을 기준으로 볼 때 82.4세로서 프랑스(83.6세), 스페인(83.6세), 그리고 이태리(83.3세) 다음으로 높은 수명을 유지하고 있었다. 미래 2050년에는 남자 83.6세, 여자 86.3세가 될 것으로 예상하고 있으며 향후 평균수명의 증가속도는 과거에 비해 다소 완화될 것으로 예측하고 있다.

지역사회 노인들이 취미실에 모여서 소품을 만들거나 담소를 나누면서 즐거운 시간을 보내고 있다. ▲
한 노인이 유리컵에 문양을 직접 그려 넣은 작품을 보여 주고 있다. ▶

■ 표 1.3. 스웨덴의 평균 수명

2008.12.31 자료기준(단위: 세)

연도별	1980	1990	1995	2000	2005	2008	2050
남자	72.4	74.4	75.6	77.0	77.9	78.7	83.6
여자	78.5	80.2	81.0	81.8	82.4	82.9	86.3

출처: Statistiska Centralbyrån

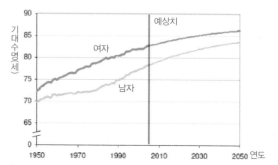

출처: Statistics Sweden(2008), 'The future population of Sweden 2006-2050' p.71

■ 그림 1.1. 1950~2005년 평균수명 및 2050년 예상 평균수명

2. 노인을 위한 복지체제

스웨덴의 노인들은 복지 서비스를 통해 재정적인 안전을 보장받을 수 있으며 거주하기에 적합한 주택에서 지낼 수 있을 뿐만 아니라 자신들의 요구에 맞는 보호와 도움을 요청하여 제공받을 권리를 갖고 있다. 정부에서는 양질의 수준으로 복지 서비스를 제공하고 있으며 수혜자인 노인은 선택의 자유가 있어서 원하는 거주 및 보호형태, 의사결정 등을 할 수 있다. 이 서비스는 평등의 원리가 전제됨에 따라 나이, 성별, 인종, 거주지역이나 구매능력 등과 상관없이 모든 노인들에게 동등하게 적용된다.

정부는 국민에게 세금을 환원한다는 차원에서 최소한의 생활수준과 건강보호 및 의료서비스를 보장하는 복지혜택을 제공한다. 이에 따라 실제 수혜자들은 실비용의 일부만을 지불하고 건강보호와 의료서비스 혜택을 폭넓게 받을 수 있다. 정부가 지원하는 보조금은 지방자치단체마다 다르며 건강보호와 의료서비스가 필요하다고 판단될 때에만 제공되므로 노인이 요구한다고 무조건적으로 혜택을 받는 것은 아니다. 우선 지방자치단체 소속의 케어 매니저가 특정 노인에게 건강보호와 의료서비스가 필요하다고 인정하면 그 필요성 여부를 평가하는 몇 가지 과정을 거친 후 결정을 내린다. 즉, 소속 지방자치단체에서 건강보호와 의료서비스의 필요성과 우선권을 평가한 뒤 서비스 제공 여부를 결정하게 되는데 노인들이 그 결정에 이의가 있으면 행정법원에 호소할 수 있다.

Svenska län/
Swedish counties
1998

주위원회와 지방자치단체는 중앙정부에 비해 더 강한 자치권한을 행사할 수 있어서 위원을 선출하거나 세금을 부과하는 권한도 갖고 있다. 현존의 법률이 제시하는 범위 내에서 주위원회와 지방자치단체는 서비스 수준, 수혜자의 자격 조건 및 우선권을 결정할 수 있다. 건강보호 및 의료서비스는 세금으로 대부분 충당되고 있어서 수혜자인 노인은 비용의 5~10%만 부담하면 된다. 나머

출처: Hans Högmanäs Genealogy in Sweden
■ 그림 1.2. 스웨덴의 21개로 구성된 주(county)

지 80~85%에 해당되는 비용은 지방세로 충당되고 있으며 그 남은 부분은 국세로 충당된다.

스웨덴 국회의사당(Sveriges Riksdag) ▼

3. 한 시대의 마지막과 새로운 도약

수십 년 동안 지역사회에서 노인들을 보호해 왔지만, 오늘날과 같은 노인주택에 대한 논의가 본격적으로 거론된 것은 최근의 일이다. 특수주택과 근접한 용어가 처음 나온 것은 1571년으로 "각 지역교구(옛 행정구역 단위)는 노인, 정신장애인과 고아들이 기거할 수 있는 주택을 만들어야 한다."라고 명시된 법률 조항에서 그 내용을 찾아볼 수 있다. 시설주거를 의미하는 특수요구 시설(special needs accommodation)이라는 용어가 오랫동안 사용되어 왔다.

20세기 초까지 지방당국은 구빈원(poorhouse) 혹은 감화원(workhouse)을 두어 재정적으로나 다른 이유 등으로 스스로 돌볼 수 없는 사람들과 건강서비스의 혜택을 받지 못하는 사람들을 보호하였으나 구빈원은 과밀상

지역사회에 살고 있는 노인들이 아침마다 카페에 모여 즐겁게 담소를 나눈다. 적극적인 사회생활을 통해 육체적, 정신적으로 건강한 생활을 유지하고 있다. ▲

태였고 비위생적이었다. 마침내 1918년 새로운 구제빈민법에 따라 지방당국
은 "보호가 필요하고 집에서 적절히 지원받지 못하는 사람들을 보조하는
시설—노인주택, 정신장애인을 위한 주택, 생계주택—"을 제공하게 되었다.

　이전의 구빈원과 비교해 볼 때 큰 차이점은 수혜대상을 노인과 정신장
애인만 포함시켰고 고아는 제외시켰다는 점이다. 1957년 구제빈민법은 폐
지되었고 한층 더 인도적인 사회복지 법안이 도입되었다. 이로 인해 빈민원
에 대한 재정지원은 없어지고 지방당국은 일반 주택에서 생활하고 있는 노
인들을 위해 주택보조 서비스에 대한 지원을 늘리기 시작하였다. 이에 따라
1950년대 말에는 장애가 있는 젊은 층들도 주택보조 서비스를 지원받아 일
반 주택이나 장애인용 주택에서의 생활이 가능해졌다. 이 당시 새로운 형
태의 노인을 위한 특수주택이 개발되었으며 1960년대와 1970년대에는
서비스 주택 건설에 박차가 가해졌고 1980년대에는 자립성과
프라이버시를 고려한 장기요양시설 지역간호홈(local
nursing homes)과 그룹주택(group housing)이
등장하게 되었다. 그룹주택은 부정적인 영향을
양산해 온 대규모 시설주거에 대한 대안으
로, 처음 치매노인들을 집과 같은 소규
모 그룹주택에서 보호한 후 그 결과
가 성공적인 것을 바탕으로 시작
되었다. 그 후 소규모 그룹을
위한 생활환경을 제공하는 그
룹주택의 선호도가 높아졌다.

스톡홀름 남쪽에 위치한 니크반(Nykvarn) 마을
에 1780년에 세워진 구빈원의 모습 ◀
현재 모습 ▼

1992-획기적인 약진

1990년대 상반기 동안 신축된 건설물량은 전체적으로 적었지만 지방당국에 의해 추진된 특수주택 프로그램이 크게 확장되는 바람에 침상 수가 9만에서 거의 13만 5천까지 증가되었다. 비록 이 숫자에는 1992년 주위원회에서 지방자치위원회로 이양되었던 간호홈이 포함되어 있지만, 총 침상 수는 현저히 증가되었다. 이러한 양적 증가뿐 아니라 질적 수준도 증가되어 특수주택이 크게 향상되기 시작하였다. 즉, 지역적 여건이 허락되는 한 특수주택의 규모는 전체적으로 커졌고 다인실은 줄어들었으며 개인실에 조리시설과 위생시설이 설치되었고 접근성도 좋아지게 되었다. 1980년대 후반기에도 도약적인 발전이 있었으며 비록 빠른 속도는 아니지만 이러한 경향은 1990년대까지 지속되었다.

한편, 특수주택의 건물당 평균 거주인 수는 1980년대 말보다 1990년대 중반에 훨씬 줄었는데 그 주된 원인은 그룹주택의 유닛 숫자가 증가되었기 때문이었다. 1980년대에는 노인인구의 극적인 증가와 함께 ÄDEL[1] 개정이 진행됨에 따라 그룹주택에 대한 잠재 수요층이 증가하였으며, 이로 인해 그룹주택이 빠르게 발전되었다. 지방당국에서 노인간호 및 보호에 대한 책임을 맡게 됨으로써 이러한 요구들을 ÄDEL 개정에 반영시키게 된 것이다. 그 당시 특수주택은 양적으로나 질적으로 발전을 거듭하다가 1992년에 이르러 그 속도가 잠시 멈추게 되었다. 이는 다음의 두 가지 현상이 동시에 나타났기 때문이다. 즉, 스웨덴의 경기침체로 인해 지방당국은 자금부족현상을 겪게 되었고, 동시에 특수주택에 대한 팽창을 자극시키기 위해 정부보조금이 새롭게 도입되었기 때문이다.

---

1 ÄDEL은 Äldre Delegationen(The Elder Delegation)의 축약어로서 1992년 노인간호 및 보호에 대한 책임기관을 주(county)에서 지방자치단체(municipality)로 이양시킨 개정법을 의미한다.

ÄDEL개정

ÄDEL 개정은 1992년 1월 1일 실행되었다. ÄDEL 개정의 목표는 지방자치단체에 조직적, 경제적 선제조건을 마련해 주어서 하나로 통합된 건강보호와 사회서비스를 노인들에게 제공해 주는 데 있다. 이를 통해 탈중앙화(decentralizaion)와 통합제공 시스템(integrated delivery system)을 추구하고자 하였다. ÄDEL 개정 내용을 간략하게 살펴보면 다음과 같다.

1. 지방자치단체는 모든 종류의 시설주택과 간호홈을 포함한 노인보호시설에 대한 법적인 책임을 갖고 재정과 품질을 보장한다.
2. 지방자치단체는 시설주택과 보호시설에 거주하는 노인들에게 건강보호를 제공할 책임이 있다.
3. 지방자치단체는, 주위원회의 동의하에, 재택간호 보호에 대한 책임을 이양받을 권리가 있다. 그러나 건강보호를 제공할 책임의 범위는 의사가 담당할 보호까지는 포함되어 있지 않다.
4. 지방자치단체는 장기시설보호에 대한 재정적 책임을 맡는다. 여기에는 외과병원과 노인클리닉 부문의 의료 비혜택 환자도 포함된다.
5. 지방자치단체는 장애인을 위한 도움을 제공해야 할 책임도 맡는다.
6. 각 지방자치단체는 '특별의료 간호(special medical nurse)'를 규정할 의무가 있다. 특별의료 간호의 주요 업무는 관련 법규에 따라 질적 보호 제공 여부를 감시하는 것이다.

위와 같이 개편된 지방자치단체의 책임 분량을 지원하기 위해 200억 SEK[2](한화 약 2조 8천억 원)가 주위원에서 지방자치단체로 이양되었다. 정부로부터는 장려금으로 30억 SEK(한화 약 4,200억 원)가 주어졌으며 지방자치단체는 이를 가지고 노인과 장애인의 주거의 질을 향상시키는 데 사용하였다.

---

2 스웨덴 통화단위로서 1992년 1월 1일 기준 SEK1=140원이었다.

2장

노인을 위한 주거환경
Residential Environment for the Elderly

1. 재택 거주와 특수주택 거주

재택 거주

일반적으로 사람들은 가능한 한 오래도록 자신의 것을 유지·관리하기를 원한다. 1980년대 초에 도입된 '사회 서비스법'에 의해 자립적인 생활을 원하는 사람들은 법적 지원을 받을 수 있게 되었으며 이에 따라 지속적으로 자신의 집에서 거주할 수 있도록 지원하는 방안이 지방자치단체의 정치적 목표가 되었다. 스웨덴 지방당국은 노인들이 원한다면 자신의 집에서 계속 거주할 수 있도록 하였다. 1980년대에는 지방자치 단체에 의해 '재택거주(aging in place)'의 원리가 보호정책 수립안에 도입되었으며, 동시에 실제적인 재택보호 프로그램도 확장되어 나갔다. 재택보호 프로그램을 위한 근무시간도 50%까지 증가되었다. 모든 지방정부에서는 재택보호 서비스를 실제적으로 보강하여 재활훈련, 서비스, 취미활동 및 사회교제 등을 할 수 있는 지역시설센터와 주간간호, 주간보호 센터 등 다양한 형태를 제공하였다. 이외에도 야간서비스, 알람시설, 야간순찰, 식사배달, 발마사지, 교통서비스와 눈치우기 등도 실행시켜 나갔다. 주위원회에서는 가정간호 서비스를 확대시켰으며 사회보호 부문과 기초건강보호도 지방자치단체와 협력과정을 거쳐 설립하였다. 지방당국에서 지원하는 가정보조와 수혜자 가족들의 실질적인 노력에 힘입어서 자신의 주택에 거주하는 노인의 수가 많아지게 되었다. 재택거주와 관련하여 가족들이 어느 범위까지 도움을 주는지에 대한 신빙성 있는 자료는 아직 없지만 지방당국의 가정보조 서비스보다 공헌을 훨씬 많이 하고 있다는 것은 명백한 사실이다. 1990년대 들어와서는 재택지원서비스 확장이 더디거나 침체되었다. 지방자치단체에서 지원하는 가정보조가 재택거주를 촉진시킨 중추적인 역할을 해 왔지만 이러한 혜택을 받는 수혜자의 수가 급격히 감소되었기 때문이다. 10년 동안 지방자치단체의 가정보조나 가정간호 혜택을 받는 숫자가 20만 명에서 13만 명으로 줄어들게 되자 지방당국은 그 대신 특수주택 발전에 우선순위를 두기로 하였다.

집에서 생활하는 사람에게 있어서 물리적 환경의 접근성은 중요한 사항이다. 집에서의 생활이 편리하도록 접근성을 높일 수 있는 방법으로는 승강기를 설치하고 주택을 개조하는 일일 것이다. 이러한 조치 중에는 문턱을 없애고, 전기기구와 스토브가 자동으로 꺼지는 타이머를 설치하며, 욕조를 샤워실로 개조한다거나, 자동문을 설치하고, 작업대의 높이를 조절하며 경사로를 만들고 바닥을 단단하게 하여 휠체어 사용이 가능하도록 하는 방법들이 있다. 일반 주택에 살고 있는 노인을 위해서 가정보조 작업과 기술보조 작업을 지원해 주고 있다. 청소, 세탁, 쇼핑 등과 같은 가정보조와 함께 주택개조를 도와주는 기술 보조도 함께 제공되면 노인들이 자신의 집에서 지속적으로 생활하기가 훨씬 수월해진다. 주택 소유주가 지방당국, 시 혹은 주택업체인 경우에는 개조하는 데 한계가 있어서 노인 자신의 욕구에 맞게 마음대로 개조할 수 없으며 가장 적합한 형태로 개조되었다고 확신할 수도 없다.

집 안에서 이곳저곳으로 이동하는 움직임을 형태화시켜서 주택청에 알려 주면 개조할 때 중요한 배경정보로 이용된다. 집 안의 특정 공간을 잘 계획한 주택을 공급하면 접근성이 더 나아지게 되고, 이를 필요로 하는 사람들에게 보다 적합한 주택을 제공할 수 있게 된다. 일반 주택에서 거주하고 있는 노인을 위한 또 다른 중요한 선행조건으로는 가까이에 편익시설이 있어야 한다는 점이다. 노인이 사는 집 근처에 식료품점, 우체국, 은행과 음식점들이 있어서 쉽게 접근할 수 있어야 한다.

　모든 국민이 질 높은 주택에서 경제적인 비용으로 생활할 수 있도록 만드는 것이 오랫동안 스웨덴 주택정책에서 추구하여 왔던 목표이다. 자신의 주택을 소유하고 자립적인 생활을 하면서 일반 주거환경에서 다른 사람들과 함께 의미있는 생활을 할 수 있는 권리는 사회복지정책과 주택정책에 속한 공통된 내용이다. 다른 사람과 같이 노인도 자신의 주택을 소유할 수 있고 그곳에서 자유와 사생활을 보장받으면서 매일의 욕구를 충족할 수 있는 권리를 갖고 있다. 생활상태나 나이 혹은 장애 정도와는 상관없이 집이란 개인의 자존심과 안전감을 가져다 주는 중요한 곳이다. 하루의 대부분을 집 안과 집 주변에서 시간을 보내는 사람은 학교나 직장과 같은 다른 장소와 집을 오가는 사람과 비교해 볼 때 집과 주변 환경의 특성에 더 많이 의존하게 된다. 많은 노인들이 대부분의 시간을 집에서 보내기 때문에 이들을 위한 주택을 계획하는 일은 아주 중요하다.

재택노인의 경우 자립적인 생활이 가능하도록 다양한 지원을 받고 있으며(▲) 대부분의 경우 건강한 생활을 하려고 노력하고 있다. ◄
출처: www.sweden.se 사진: Susanne Kronholm/ Johnér ▲ , Johan Alp/Johné ◄

특수주택 거주

노인이 자신의 집에 더 이상 거주할 수 없거나 혹은 제공받고 있는 서비스가 더 이상 효과가 없어서 전문적인 수준의 서비스와 보호를 필요로 하는 상황이 되면, 지방당국에 요청하여 특수주택에 입주할 수 있는 허락을 받는다. 특수주택으로 입주하여 거주하게 되더라도 기존의 익숙한 지역사회 안에서 지속적으로 지낼 수 있다는 장점이 있다. 이는 지방당국에서 지리적으로 비교적 가까운 거리 내에 가정보조 서비스와 특수주택을 이용할 수 있도록 체계화시키고 있기 때문이다. 특수주택이라는 용어는 총체적인 의미를 지닌 것으로 노인을 위한 간호홈, 노인주택, 그룹시설, 서비스 플랫 및 서비스 주택 등을 지칭하고 있으며 노인과 장애가 있는 젊은 층을 위한 주택까지도 포함되어 있다. 이 용어가 나오게 된 배경은 다양한 주택형태들의 차이점을 명확하게 구분짓기 어렵게 되었고 서로 중복되거나 혹은 기존 주택형태와 유사하거나 전통적인 범주에 전혀 맞지 않는 새로운 형태가 나오게 되었기 때문이다.

지방당국은 사회서비스 법령하에 노인과 장애인이 각자의 요구에 따라 거주할 수 있는 특수주택을 신설할 필요를 느끼게 되었고 이에 따라 특별 지원서비스를 갖춘 주택이나 특별 개조주택을 두었다. 이 주택들의 목표는 거주자들에게 높은 수준의 안전을 제공하는 것으로서 하루 24시간 쉽게 접할 수 있는 서비스와 직원을 보장해 주는 것이다. 특수주택을 일반 주택과 가능한 한 통합시키고자 하였는데 이를 위해서 일반 주택과 같은 외관과 기준을 적용시켰다. 임종할 때까지 그 주택에서 살 수 있도록 되어 있으며 일반 주택과의 차이점이라면 단지 평가과정을 거쳐 거주할 사람을 결정짓는 입주 자격권이 필요하다는 점을 들 수 있다.

2. 특수주택 프로그램

스웨덴 노인들이 혜택을 받을 수 있는 서비스와 주택에는 몇 가지 유형들이 있다(Dilani & Morelli, 2005).

1. 재택보호: 자기 집에서 지속적으로 생활하면서 일상 생활이 가능하도록 다양한 서비스와 개인보호를 받는 형태를 말한다. 지방자치단체에서 일련의 서비스를 제공해주고 있으며 주로 청소, 세탁, 쇼핑, 음식조리, 위생관리 및 사회활동 보조, 안전경보장치, 음식배달 및 전화서비스 등이 있다.

2. 주간보호센터: 대부분 노인보호시설과 연결되어 있으며 사회교제를 중심으로 한 프로그램과 다양한 재활프로그램이 제공된다.

3. 단기보호시설: 회복기에 있는 노인들이 단기적인 치료나 재활, 보호를 받을 수 있는 곳이다.

4. 노인주택서비스: 노인보호주택, 치매노인보호주택 및 간호홈이 이에 속한다. 노인보호주택은 어느 정도 건강한 노인들이 거주하면서 한정된 건강보호 서비스를 받는 곳이다. 치매노인보호주택은 치매증상을 가진 노인들을 위해 특별히 계획된 것으로, 길잃음 방지를 위해 잠금장치가 설치되어 있으며 대부분 일반노인보호주택과 함께 제공되어 있다. 간호홈은 의학적 치료를 받아야 하는 노인을 위한 주택을 의미한다.

5. 단기 해외거주: 몇 개 지방자치단체에서 새롭게 시도한 서비스 유형으로, 노인들의 심리적·정신적·육체적 건강을 위해서 태양과 따뜻함이 있는 해외 노인주택에서 단기적으로 지낼 수 있도록 마련되었다. 2004년 겨울 처음으로 스웨덴 노인들이 스페인에 있는 노인주택에서 2주일간 머물다가 왔다.

1992년부터 모든 형태의 시설서비스와 보호시설들은 '특수주택(special needs housing)'이라는 공통된 용어로 통합되었다. 간호홈이 특수주택으로 명칭이 새롭게 바뀌었고 관리책임이 주위원회에서 지방자치단체로 이양되었으며 의료적 비혜택자(bedblocker), 즉 더 이상 긴급 의료보호나 노인보호를 요구할 수 없는 사람들의 재정적 책임까지도 지방당국이 떠맡게 되었다. 이것은 지방당국이 환자를 보호하거나 혹은 환자가 의료적 비혜택을 받게 되는 날로부터의 입원비를 지불해야 함을 의미한다. 앞서 언급하였듯이 ÄDEL개정이 도입되었을 때, 스웨덴 국회는 30억 SEK(한화 약 4,200억 원)를 장려금으로 책정하여 그룹주택과 특수주택을 확장하고자 하였으며 환경이 열악한 간호홈을 개조하고자 하였다. 그룹당 50만 SEK(한화 약 7천만 원)에 해당되는 첫 장려금이 새로운 그룹시설에 지원되었으며, 특수주택 건물이 신축되는 시설에 주거단위당 5만 SEK(한화 약 7백만 원)에 해당되는 금액이 두 번째 장려금으로 지원되었다. 간호홈 개조 시 발생되는 비용을 지원하기 위해 객실당 5만 SEK에 해당되는 금액이 세 번째 장려금으로 지원되었다. 이 장려금은 노인과 장애인들을 위한 그룹 시설 및 여러 종류의 시설들을 광범위하게 발전시키는 데 사용되었다. 치매와 다른 만성질환을 겪고 있는 노인, 지체부자유자, 만성 정신질환자와 지능발달 장애인들이 지원 대상자들이었다.

　정부장려금을 사용할 때 중요하게 고려되었던 기본 개념들은 다음과 같다:

- 시설은 개인의 안전과 프라이버시, 선택의 자유에 대한 거주자의 욕구를 고려해야 한다.
- 비록 거주자의 상태가 악화됨에 따라 지원해야 할 서비스 및 보호가 많아지더라도 시설은 쾌적한 환경을 제공하여 이들이 집에서 거주하고 있는 것과 같이 느끼도록 해야 한다.

● 단위주거를 소그룹화시키고 시설적인 분위기를 탈피하기 위해 여러 그룹
  들을 한 곳으로 묶지 않도록 한다.
● 휴식, 취침, 조리, 식사, 위생활동, 사회적 교류 및 수납 등을 할 수 있는
  질적으로 높은 개인실을 계획하도록 한다.

  1991~1996년 동안 특수주택 프로그램에 속한 3만 5천 채가 장려금
을 지원받았다. 이 비용으로 노인주택 2만 9,500호를 더 지었으며 이

1950년에 지어진 전형적인 양로원 스카라(Skara)는 정부 보조금으로 1995년에 새롭게 오픈한 노인주택이다.
직원 및 거주노인과 가족들, 지역사회 관련자들이 결정권을 갖고 개조과정에 직접 참여하여 실내마감재 및 색
채까지 결정하였다. ▼

중 1만 500호는 치매노인을 위한 것이었다. 간호홈의 일인실 2,200실을 개조하는 데에도 사용되었다. 대부분 기존의 특수주택이나 보호시설을 개조하였다. 1998년, 정부는 노인정책계획의 일환으로 장려금 4억 SEK(한화 약 560억 원)를 책정하여 노인 특수주택의 신축과 개조를 지원하였다. 주 행정위원회에서는 1998년과 1999년 사이 이 장려금을 관리하면서 프로젝트들을 추진하였다.

3. 특수주택 환경디자인

스웨덴의 80세 이상 노인들의 약 20%가 특수주택에서 살고 있으며 대부분이 심한 치매를 겪고 있다. 이전에는 장기거주시설, 간호홈, 정신질환자 보호시설에 거주하면서 정기적으로 의료보호를 받았다. 대규모 시설의 간호홈에서 거주하는 치매노인들은 냉담해지거나 우울해지거나 혹은 지나치게 많은 요구를 하는 등 부정적인 모습들을 종종 나타냈으며, 여러 가지 혼란스러운 행동들이 더욱 심해졌다. 부작용을 낳고 있는 이러한 시설의 대안책으로서 집과 같은 환경의 그룹시설이 실험적으로 도입되었다. 소규모 계획의 접근방법이 쾌적하고 생기있는 생활환경을 제공할 것이라는 개념을 적용한 것이다. 이 개념은 성공적으로 이루어졌으며 이후, 치매노인을 위한 특수주택에 대한 선호도는 높아졌다.

이 개념의 출발은 1985년 Barbro Beck-Friis 박사가 여섯 명의 치매노인을 발트잘고든(Baltzargården)[3] 노인주택으로 이동시켜 생활한 것에서 시작되었다고 볼 수 있다(Beck-Friis, 1988). 대부분 대규모 시설보호에서 생활하였던 중증치매 노인들이 집과 같은 편안한 발트잘고든 노인주택에 와서 직원들의 특별 보호방법인 'Modified Reality Orientation', 즉 치매노인의 자부심을 강화시키고 개인의 잔존 능력을 증대시키며 뇌기능을 자극시키는 편안한 통합감각 환경에서 보내게 되었다. 이곳으로 온 지 3개월 후 이들 노인들은 수면제나 심리치료제를 더 이상 필요로 하지 않았으며 공경행동이나 분노 등 문제행동이 현저히 감소되었다. Barbro Beck-Friis 박사는 좋은 치유적 환경은 약보다

---

3 발트잘고든 노인주택은 스톡홀름에서 남서쪽으로 약 190km 떨어진 모타라(Motala) 도시에 있었던 노인주택 이다.

더 나으며 치매노인 개인을 존중하는 태도 또
한 치유적 환경의 특성이라고 말한다.

휠체어 사용자의 접근성을 높이기 위한 경사로 ▲

외부형태

스웨덴의 특수주택이 다른 나라들과 다른
점은 대부분의 특수주택들이 비교적 규모가 작
아서 보통 1층이나 2층으로 되어 있다는 점이
다. 이러한 주택개발은 스웨덴에서 오랫동안 연구해 온 노력의 결과로
서 이전에 흔히 볼 수 있는 병원과 같은 시설환경과는 본질적으로 다르
다. 이는 스웨덴의 토지비용이 인구밀도가 높은 다른 나라들에 비해 저
렴해서 비싼 토지에 주택을 지을 필요성이 없기에 가능하였다.

특수주택의 마감재와 규모를 정할 때에는 주로 스웨덴 전통주택의
특성을 반영하였다. 목재로 된 건물외관, 벽돌과 회반죽 같은 재료가
주로 사용되었다. 거주자들은 시설적인 외관이나 느낌보다는 전통적인
생활양식을 즐길 수 있는 건물을 더 선호하였다.

스웨덴에서는 건물을 지을 때 노인들이나 장애인들이 쉽게 접근할 수
있도록 지어야 한다는 규정이 오래전부터 실행되어 왔다. 휠체어용 경
사로, 승강기, 넓은 문 등을 특별히 계획하여 실행하였다. 이로 인해 장
애인들이 외부에 위치한 건물로 편리하게 이동하거나 커뮤니티 센터의
특별서비스와 보호를 쉽게 받을 수 있게 되었다. 이러한 규정은 특수주
택을 계획할 때에는 더 강화되었는데, 특히 욕조나 화장실 문을 폭넓게
만들거나 자동문을 설치하거나 조명과 색채를 신중하게 선택하여 노인
과 장애인들에게 방향감을 주어 접근성을 최대화시켰다. 더 나은 특수
주택 디자인에 대한 기대와 함께 노인들의 요구사항도 증가하였다.

마감재를 붉은 색채의 목재로 하여 전통 주택의 모습을 반영한 스웨덴 남부에 있는 노인주택

개인공간

노인주택의 욕실과 화장실 계획은 다른 나라들의 욕실과는 상당히 다른 관점을 갖고 접근하였다. 디자이너들의 오랜 연구와 개발 끝에 성공적인 해결안으로 확신되는 공간 및 설비 기준치를 얻게 되었다. 거주자들이 화장실을 이용할 때 일반적으로 직원 2명의 도움이 필요한데 이것은 휠체어나 들것을 고려한 여유공간 이외에도 세 사람이 있을 만한 커다란 공간이 필요하다는 것을 의미한다. 직원들이 최적의 작업환경에서 근무할 수 있도록 최소 1명의 직원이 움직일 수 있는 여유공간이 변기 한쪽에 마련되어야 하며 변기 뒤쪽으로도 움직일 수 있도록 계획하여야 한다. 이러한 계획안들은 직원이 노인들을 휠체어에서 변기로 옮길 때 발생할 수 있는 허리와 신체 다른 부위에 가해지는 무리를 예방해 준다. 접을 수 있는 팔걸이를 변기 한쪽 혹은 양쪽에 설치하도록 하여 노인들이 쉽게 앉고 일어설 수 있도록 한다. 노인들이 욕조에 누워 있는 동안 이들을 돕는 것이 아주 힘들기 때문에 특수주택의 욕실에는 욕조 대신 대부분 샤워부스를 설치한다. 몇몇 주택에서는 욕실에 높낮이 조절이 가능한 욕조를 설치하고 거주자들이 공유할 수 있도록 하였다. 이러한 방식은 특히 류마티즘 환자나 온탕에 몸을 담그는 것이 건강회복에 좋은 환자들에게 적합하다. 욕실과 변기는 작업환경 기준치에 맞게 비교적 넓고 커야 한다. 샤워용 의자를 사용할 경우 일반 기준치는 2.4m × 2.4m 혹은 2.4m × 3.0m이며 이 기준치는 오늘날 점차 일반화되어 가고 있다.

노인을 위한 특수주택 기준과 디자인은 다양하다. 거주자 전용 개인실을 갖춘 그룹거주 형태에서는 6명에서 12명이 거주하는데, 치매질환이 있는 노인들을 위해서는 이러한 작은 규모의 거주형태가 바람직하다. 각 개인실은 공동부엌 및 식당, 공동거실과 인접해 있어서 쉽게 공동공간으로 접근할 수 있다.

　사회교제, 식사, 개인적 위생활동과 기타 일상활동을 할 수 있는 곳이어야 한다. 개인실이 작거나 혹은 필수 요구사항들을 계획하지 못하였을 경우에는 공동공간에서 이를 제공해 주어야 한다. 법조항에 의하면 가장 작은 개인실은 조리공간, 위생시설, 홀이 갖추어져 있는 원룸이다. 각 개인실은 집과 같은 요소를 지니고 있어야 하고 쉽게 길을 찾을 수 있도록 계획하는 것이 중요하다. 이를 위해서는 복도를 최소한으로 줄인 아담한 디자인을 고려할 수 있다. 막다른 통로가 있는 복도는 아주 부적합한데, 특히 치매환자의 경우 막다른 복도에서 어떻게 가야 할지를 알지 못해 당황한다. 개인실에 취침용 알코브를 계획하면 가족이나 도우미들이 사용할 수 있기 때문에 공간적 여유가 있다면 이를

휠체어를 사용하는 노인을 위해 변기 양쪽에 여유공간과 높낮이 조절이 가능한 팔걸이를 설치하였다. 또한 시력이 약한 노인들을 위해 변기 벽면의 색채를 달리 하였다. 직원들의 육체적 무리를 감소시키고 노인들의 안전을 위해 욕조 대신 샤워기와 샤워용 의자를 설치하였다. ◀▲

고려해 볼 만하다. 모든 것을 다 갖춘 풀스케일 부엌시설은 필요없지만 냉장고와 커피나 차를 만들 수 있는 적당한 공간은 제공되어야 한다. 또 다른 중요한 점은 전부터 사용해 왔던 자신의 가구와 소지품을 수납할 수 있는 수납공간을 제공하는 것이며 친구와 친척이 방문하였을 때 방해받지 않고 함께 보낼 수 있는 공간을 제공하는 것이다.

공용공간

대부분 거주자들이 많은 시간을 공용공간에서 지내기 때문에 공용공간 계획은 아주 중요하다. 공용공간 계획 시 방향성을 고려한다면 거주자가 어디로 가야 하는지를 쉽게 알 수 있고 가고자 하는 장소를 쉽게 찾을 수 있다. 공용공간이 개인실 가까이 있어서 쉽게 드나들 수 있도록 하는 것도 중요하다. 공용공간은 주택의 한 부분으로 계획되어야 하고 사회적 교제와 일상사가 매일 이루어질 수 있도록 계획되어야 한다. 직원과 거주자가 함께 일하기 적합한 작업공간을 갖춘 부엌이 제공되어야 한다. 부엌과 식당이 하나로 열린 공간에서는 누구라도 식사준비하는 데 쉽게 참여할 수 있으며, 식탁에 앉아서 음식 만드는 소리와 음식냄새를 맡을 수 있어서 거주자들이 호감을 가질 수 있다. 빨래방이 넓으면 거주자들이 앉을 수 있는 곳을 마련해 주어 빨래를 기다리는 동안 앉아서 다른 일을 할 수 있도록 해 준다.

노인들에게 남아 있는 능력과 힘을 자극시키는 의미있는 활동들을 제공하는 것이 중요한 보호원리임을 알아야 한다. 음식 만들기, 개인의 신변관리, 의류관리, 큰 소리로 책 읽기, 노래와 음악, 수작업, 쇼핑, 산책과 정원관리 등을 의미있는 활동으로 고려해 볼 필요가 있다. 특수주택에서는 대부분 활동을 통해서 동료의식, 보호와 관심, 이해와 격려를 주고받으며 이를 통해 거주자의 안전과 복지가 강화된다.

공동부엌과 식당을 집과 같이 개방 형태로 계획하였다. 이러한 개방 공간은 노인이 자연스럽게 직원과 함께 식사준비에 참여할 수 있도록 만들며 음식만드는 소리와 냄새 등을 통해 집과 같은 환경을 만들 수 있다. ▼

3장

특수노인주택의
치유적 공간환경

Therapeutic Environment for the
Elderly in Special Needs Housing

1. 기본 디자인 철학

고령화 사회를 일찍부터 겪은 스웨덴에서는 병원과 같은 노인시설환경에서 노인들의 우울증이나 문제행동 등이 더욱 증가된다는 사실을 깨닫고 노인주거환경에 대해 오랫동안 연구해 왔다. 그 결과, 디자인 전략(design strategy)이 인력 전략(staff strategy)보다 경제적이라는 것을 터득하게 되었다. 치유적 환경에 대해 일찍부터 관심을 갖고 연구해 온 스웨덴의 특수노인주택에 내재되어 있는 몇 가지 중요한 기본적인 개념을 짚어보면 다음과 같다.

● 스웨덴 사회는 노인주택과 지역사회, 서비스를 각각 분리된 개념이 아닌 하나의 지역사회 통합체로 간주함으로써 노인주택은 그 구성요소로 다루어지고 있다. 이러한 통합의 개념은 주거 기능, 서비스 기능, 편의시설이 한 지역사회 내에서 유기적으로 연결되어 있었기에 가능하였으며, 또한 지방당국의 자치권한이 강해지면서 발전해 올 수 있었다. 이처럼 기존의 지역사회와 노인주택이 사회적, 물리적, 조직적 차원에서 잘 연계되어 있어서 노인들의 삶이 고립되기보다는 지역사회와 함께 움직이는 생활이 가능해질 수 있었다. 또한 노인주택에서는 공용공간의 일부분을 지역사회에 적극 개방시킴으로써 외부세계와 친밀한 연결관계를 갖도록 노력하고 있다. 예를 들어 노인주택 세비햄멧(Säbyhemmet)의 경우 취미실, 목공예실, 다목적 공간에 있는 카페, 회의실 등을 개방하여 지역사회 주민이나 노인들도 함께 사용할 수 있도록 하였다. 이처럼 기존의 지역사회와 적극적인 유대관계를 갖고 있는 세비햄멧의 거주자들은 외로움을 느끼지 않으며 심리상태가 좋은 것으로 나타난 바 있다.[4]

---

4 이숙영, 알란디라니, 변혜령, 고령사회를 대비한 노인요양시설의 건강증진적 실내환경특성 연구보고서, 2006, p.46.

〈분리개념〉　　　　　　　　　　〈통합개념〉

그래픽 출처: www.PresentationPro.com

■ 그림 3.1. 지역사회와 노인주택과의 관계

✚ 스웨덴 노인주택은 노인들의 인지능력을 강화시키고 안전감을 줄 수 있는 치유적 환경이 되기 위해 병원과 같은 시설적인 분위기에서 탈피하여 '집과 같은 환경'을 제공하고 있다. 우선 지리적 위치도 일반 주거지역 내에 함께 계획되어 있으며 건물의 외관, 형태와 재료 또한 일반 주택과 유사하다. 실내환경도 마감재료 및 색채, 가구 배치, 그리고 장식이나 조명기구에 이르기까지 일반 집에서 사용하는 것과 같이 조성되어 편안한 집과 같은 분위기를 제공한다. 개인실에 있는 가구나 물품은 침대만 제외하고는 기존에 사용하던 것들을 그대로 사용할 수 있어서 노인들에게는 여전히 집에서 생활하는 느낌을 갖도록 해 주며 프라이버시와 자율성을 유지시켜 준다. 또한 물품에 담겨 있는 옛 추억이나 이야기들을 회상할 수 있어서 회상요법 차원에서도 유익하다.

✚ 스웨덴 노인주택은 소규모 접근방식(small scale approach)을 취하고 있다. 건물이 작고 거주자 수가 적을수록 노인들은 쉽게 친밀감과 소속감을 느끼게 되며 직원이나 간호사들도 노인들에 대한 이해와 보호의식이 강해지며 가족과 같은 느낌을 서로 갖게 된다. 커다란 시설의 경우에는 거주단위를 그룹화시켜서 작은 규모임을 느낄 수 있도록 하였다. 한 그룹당 거주인 수는 6~8인을 이상적으로 보고 있으며, 경우에 따라 12인까지 한 그룹으로 묶는 노인주택들도 있다. 그룹별로 개인실을 포함하여 공동거실, 공

동부엌과 식당 등을 두어 독립적인 공간형태를 취하고 있으며, 간호사 및 직원 인력배치를 그룹단위별로 지정함으로써 가족과 같은 분위기의 작은 그룹들이 형성될 수 있도록 하였다. 이러한 소규모 접근방식은 거주자들 간에, 거주자와 직원 간의 의사소통을 원활하게 해 주며 거주자의 독립적인 활동과 행동에 긍정적인 영향을 미친다.

✚ 스웨덴 노인주택은 거주자들의 신체적, 심리적, 사회적 건강 관리 및 잔존 능력 강화에 비중을 둠으로써 총체적 건강과 독립성에 많은 초점을 맞추고 있다. 거주자들에게 남아 있는 정신적, 신체적 능력을 파악한 뒤 이를 강화시키고 회복시키기 위해 물리 및 작업치료 이외에도 일상생활 속의 단순하거나 간단한 일들은 스스로 할 수 있도록 격려하며 이를 지원해 줄 수 있는 기술적, 디자인적 지원을 해 준다.

손떨림이 있거나 손힘이 약한 노인들을 위해 양쪽에 둥근
손잡이가 있는 컵 ▶
음식 먹을 때 흘리지 않도록 끝이 휘어져 있는 접시 ▼

노인들의 잔존능력과 독립 생활을 돕기 위해
연구·개발된 아이템들. 하루 계획표를 그림
이나 글로 알기 쉽게 표시한 보드 ▶

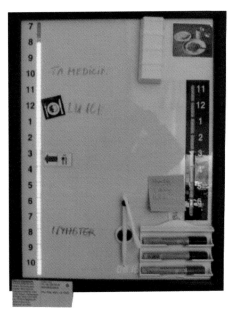

뚜껑을 열면 약을 넣는 여러 칸들이 보인다. ▶
약복용 시간에 맞춰 약이 자동으로 나옴으로
써 노인들이 빠뜨리지 않고 복용할 수 있도록
도와주는 약상자 ▼

2. 노인주택 사례[5]

2.1. 슬로스발렌 Slottsovalen

1) 지역환경 및 건물 특성

슬로스발렌 노인주택은 스톡홀름 시내에서 동쪽으로 약 20km 떨어진 곳에 있으며 1995년에 개원하였다. 이곳은 스웨덴의 다른 노인주택과는 달리 'Attendo Care' 라는 민간사업체에서 운영 및 관리를 담당하고 건물은 지방자치단체가 소유하고 있다. 슬로스발렌 주변은 자연경치가 뛰어난 곳으로 도보로 10분만 걸어 나가면 내륙으로 깊숙이 들어온 바다와 요트, 배들이 정착하고 있는 작은 항구를 볼 수 있으며 산책하기 좋은 숲이 건물 바로 뒤편에 있다. 근처에는 55세 이상 되는 사람들을 위한 시니어 단독주택들이 있다. 전체적으로 조용하고 한적한 분위기를 느낄 수 있는 지역에 위치해 있다. 슬로스발렌은 1894년에 지어진 오래된 성의 아래층 부분을 개조하여 사무실과 치료공간으로 사용하고 있으며 노인들이 거주하고 있는 신축 건물은 전체 형태가 타원형으로 되어 있다. 이러한 건물특성을 고려하여 명칭을 성(城)이라는 뜻의 'slott'와 타원형이라는 'oval'을 합성하여 슬로스발렌이라 하였다.

전체 건물의 모양이 타원형으로 된 슬로스발렌은 주출입구에 들어서면 오른쪽은 옛 성으로 직원사무실, 치료공간 등 관리영역이 아래층에 있으며, 왼쪽에는 네 곳의 유닛으로 구성된 거주자 개인공간 및 공동공간이 있다. 옛 성의 2, 3층은 55세 이상 되는 일반인들이 거주하고 있는 개인 아파트이다.

---

5 '노인주택사례'에 나온 내용들은 2004년 구) 한국학술진흥재단의 지원에 의하여 연구(과제번호 KRF2004-042-G00003)된 내용 중 일부이다.

전체 침상 수는 41개로, 모두 일인용 침실로 되어 있다. 치매노인 20
명이 거주하고 있는 2개의 유닛과 일반 노인 및 질병이 있는 노인 21명
이 거주하고 있는 2개의 유닛으로 구성되어 있다. 각 유닛은 각기 다른
색채로 구분되어 있는데 치매 유닛은 노란색과 주황색의 난색 계통으로
되어 있고, 일반 유닛은 푸른색과 연두색의 한색 계통으로 되어 있다.

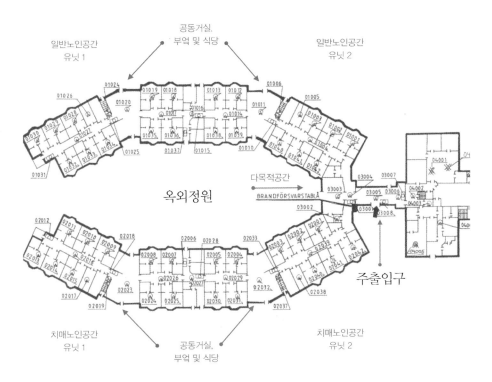

■ 그림 3.2. 옥외정원을 중심으로 타원형태의 모습을 지닌 슬로스빌렌 평면도

건물 뒤편에 산책로로 이용되고 있는 숲 ▲

1894년에 지어진 성 ▼

노인들이 거주하는 건물 ▼

주출입구 ▼

슬로스발렌 외관

2) 내부환경 특성

거주자는 총 40명으로 남자 13명, 여자 27명이며 단기 거주자 3명이
일주일씩 교대로 거주하고 있다. 연령은 61~70세가 2명, 71~80세가
10명, 80세 이상이 28명으로 80세 이상이 전체의 3분의 2 이상을 차지
하고 있다. 이처럼 특수노인주택의 거주연령이 높은 이유는 '재택거주
개념'을 기본으로 하고 있는 스웨덴 노인정책에 따른 결과라고 볼 수 있
다. 즉, 스웨덴 중앙정부와 지방자치단체는 전체 인구의 약 20%에 달하
는 노인들을 지원하는 데 드는 막대한 비용을 절감하기 위해 '재택거주
개념'을 기본으로 하고 있다. 노인들은 기존의 집에서 자립적으로 생활
하다가 신체적, 정신적 건강 상태가 좋지 않게 되어 더 이상 자립적인
생활이 불가능해져 보호와 지원이 필요하다고 판단되면 노인주택으로
이동하므로 노인주택의 평균 거주연령은 자연적으로 높아진다.

슬로스발렌에서 일하고 있는 고정 직원은 40명이며 1명의 책임자, 2
명의 숙련 간호사, 유닛당 3명의 보조 간호사, 물리치료사와 직업치료
사 각각 1명이 포함되어 있다. 한 유닛당 6명의 고정 직원이 배정되어
있으며 15명의 시간제 직원이 보조해 주고 있다.

새로 들어온 노인의 적응정도는 다양하지만 대략 한 달 정도의 시간
이 지나면 적응하게 된다. 입주 전부터 일정한 적응기간을 두어서 노인
의 심리적 부담감을 최소화시킨다. 적응기간에는 노인과 가족이 노인
주택을 자주 방문하여 담당 직원과 만나서 친밀감을 형성하고 거주하
게 될 시설의 분위기 및 위치 등을 파악한다. 담당 직원은 노인의 개인
사, 기호, 취미 및 성격 등을 파악한다. 이는 노인들이 갑작스럽게 새로
운 사람과의 만남으로 인해 생기는 정신적, 심리적인 혼란을 피하기 위
한 배려이다. 노인이 새로 들어오면 시설이나 기관과 같은 느낌을 갖지
않도록 목욕, 청소 등은 혼자서 할 수 있도록 내버려 둔다. 혼자서 생활

해 왔던 노인이 단체생활에 적응하기까지 조용히 지내도록 그대로 두면서 자연스럽게 받아들일 수 있도록 배려한다.

■ 표 3.1. 슬로스빌렌 거주자 연령, 성별 및 인원 수

단위: 명(총 40 명)

연령	성별	거주인 수	연령	성별	거주인 수	연령	성별	거주인 수
61~70세	남	1	71~80세	남	4	80세 이상	남	8
	여	1		여	6		여	20

공동공간

공동공간 및 작업공간은 4개의 유닛마다 계획되어 있어서 전체 4개의 공동거실, 부엌 및 식당, 빨래방 및 수납공간이 있다. 이들 공간은 직원들의 작업동선을 고려하여 한 곳에 집중되어 있으며 공동부엌, 식당과 공동거실은 열린 공간형태로 하나의 공간 안에 계획되었다. 부엌에서 직원들의 식사준비나 음식 나르는 모습, 뒷정리하는 모습 등을 노인들이 볼 수 있고 때로는 함께 참여할 수 있어서 병원이나 집단시설과 같은 느낌보다는 오히려 집과 같은 느낌을 가질 수 있도록 배려하였다. 또한 식사준비하는 동안 음식냄새, 그릇 부딪치는 소리 등을 통해 노인들의 감각을 긍정적으로 자극시킬 수 있는 이점도 있다. 이러한 열린 형태의 공동공간은 '집과 같은 환경'을 만들고자 하는 스웨덴의 특수노인주택의 기본 목표 덕분에 노인주택에서 쉽게 볼 수 있다.

과거의 병원 같은 시설 분위기에서 노인들의 심리적, 사회적 건강이 더 악화된다는 연구결과들에 의해 스웨덴에서는 집과 같은 환경을 계획하여 노인들에게 보다 건강한 삶을 주고자 노력하고 있다(Dilani & Morelli, 2005; Socialstyrelsen, 2000). 이러한 공동부엌, 식당, 거실은 거주자 10명이 함께 사용할 수 있도록 유닛마다 동일한 형태로 구성되어 있다.

전체 거주자들을 위한 다양한 프로그램들을 진행시킬 수 있는 다목적

공동공간이 주출입구 근처에 계획되어 있다. 다양한 프로그램을 융통성 있게 수용할 수 있도록 모든 가구들은 이동 가능한 것으로 되어 있다. 양쪽의 출입문과 창문을 커다란 유리문으로 하여 지나가는 거주자들이 안에서 일어나는 프로그램들을 볼 수 있도록 하여 자연스럽게 참여를 유도시키고자 하였다. 문턱을 다 제거하여서 휠체어 사용자들이 쉽게 출입할 수 있으며, 특히 옥외정원으로 쉽게 나갈 수 있도록 하였다.

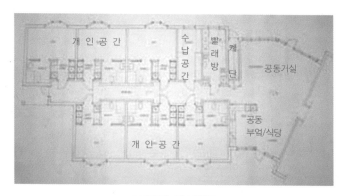

■ 그림 3.3. 유닛 평면도

열린 공간인 공동부엌과 식당, 거실의 모습이다. ▲

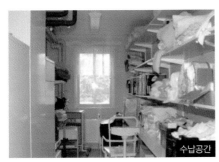

노인들의 필요한 물품들을 수납한 수납공간과 빨래방. 공동거실을 볼 수 있다.

부엌공간 옆에 옥외정원으로 직접 나갈 수 있는 출입문. 노인들의 출입을 통제하기 위해 출입문에 접이가능한 나무 칸막이를 설치하였다. ▲
낮 동안 자유롭게 드나들 수 있도록 오른쪽 사진 (○ 표시)처럼 칸막이를 접을 수 있다. ▶

유리문을 통해 내부활동을 볼 수 있으며 옥외정원으로도 쉽게 접근할 수 있도록 계획하였다. ▲

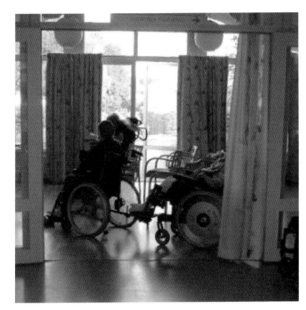

거주자들을 위한 다양한
프로그램이 진행되는 다
목적 공동공간 ◀

개인공간

전체 침실은 모두 일인용으로 되어 있으며 방의 크기는 27m²이다.
현관입구 가까이에 수납장과 간이부엌을 두었으며 통로공간은 휠체어
가 통과할 수 있도록 충분한 공간을 확보하도록 계획하였다. 창턱이 낮
은 베이윈도(Bay Window)가 거실 가운데 있어서 앉거나 누워서도 옥
외정원을 실내에서 볼 수 있도록 하였다. 침대를 제외한 다른 가구들은
이전에 소유하였던 것을 사용할 수 있도록 배려하였다. 침실 옆에 욕실
을 가까이 두었으며 미닫이문으로 계획하여 휠체어 사용자도 쉽게 출
입할 수 있도록 하였다. 욕조 대신 샤워할 수 있는 공간을 두고 안전하
게 앉아서 샤워를 할 수 있도록 샤워용 의자를 두었다. 변기 양쪽에 손
잡이가 있어서 앉고 설 때 지지할 수 있게 하였다.

개인 소유의 가구들로
꾸며진 거실 겸 침실.
침대에 누워서도 정원
을 볼 수 있도록 창턱을
낮게 하였다. ◀

개인실 평면도(27㎡) ▼

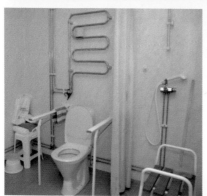

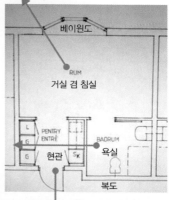

변기 양쪽에 지지대가 있으며 샤
워할 때 앉을 수 있는 샤워의자가
놓여 있다. ▲

현관입구의 간이부엌 ▶

옥외공간

치매노인이 있는 노인주택의 옥외정원은 막다른 길을 계획하기보다
는 정원둘레를 고리모양으로 계획하여 안전하게 배회하도록 하여 치매
노인의 배회 욕구를 충족시켜 주는 것이 바람직하다(Del Nord , 2003;
Zeisel, 2004). 또한 정원은 크기와 형태가 적당하고 랜드마크적인 설
치물이 있는 것이 좋다. 이러한 측면에서 볼 때 슬로스발렌의 옥외정원
은 치유적인 요소를 지니고 있다. 실내공간에서 쉽게 접근할 수 있도록
계획된 옥외공간은 노인들이 산책하거나 배회하는 데 막힘이 없으며
편안함을 느낄 수 있는 적합한 크기와 형태를 갖추고 있다. 낮은 수목
으로 둥그렇게 감싸 안은 작은 공간들은 휴식을 취하는 노인들에게 안
락함과 영역성을 가져다준다. 랜드마크적인 역할을 하는 분수대, 둥근
화단, 'S'자 모양의 앉는 곳 등, 노인들의 방향감각에 도움을 줄 수 있는
시설물들을 정원 중간중간에 만들어 놓았다. 원예용 박스가 있어서 채
소나 꽃을 직접 재배하여 먹을 수 있도록 하였으며 시각, 청각, 후각,
촉각 등 노인들의 감각을 자극시켜 줄 수 있는 요소들이 풍부하다.

랜드마크적인 역할을 하는 작은 분수대와 'S' 모양의 설치물 ▲ (왼쪽부터)

접근성이 좋은 옥외정원. 단순히 넓게 펼쳐져 있기보다는 수목으로
둘러싸인 작은 공간들을 만들어 아늑함과 영역성을 주었다. ▲ ▼

기타공간

노인들의 근력보강 기구들이 있는 실내 체육실과 특수욕조가 있는 욕실이 있다. 특수욕실의 경우 아직 준비단계로, 현재는 욕조만 설치해 놓았고 앞으로 음악치료, 향치료 등을 도입할 계획에 있다. 간호사실은 유닛과 다른 유닛으로 가는 중간에 설치되어 있어서 언제든지 노인들을 돌볼 수 있도록 하였다. 통로공간은 넓은 유리창으로 계획하여 밝고 환하게 하였고 앉을 수 있는 벤치의자와 팔걸이 의자들을 마련해 놓아서 편안하고 환영받는 느낌을 갖도록 하였다.

거주자를 위한 실내 체육실, 특수욕조가 있는 욕실과 간호사실 ▲ (왼쪽부터)

밝고 쾌적한 통로공간으로 유리문을 통해 계절과 시간의 변화를 느낄 수 있다. ▲

3) 거주자를 위한 프로그램

슬로스발렌의 거주자를 위한 프로그램은 계절별로 그 내용이 바뀌는데, 최근 여름을 기준으로 한 프로그램을 보면 표 3.2와 같다. 요일별로 활동내용과 진행자, 시간과 장소를 알려 주었고 프로그램 진행에 도움을 줄 유닛 이름을 적어 놓았다.

■ 표 3.2. 슬로스발렌 거주자를 위한 프로그램

요일	프로그램 내용
월	- Bocciaklubben(게임이름)이 11:00~11:45에 있음. 참석자 이름은 명단에 적혀 있음(녹색 유닛과 노란 유닛에서 도움을 줄 것임) - 단어게임은 빨간 유닛에서 매달 마지막 월요일 13:15~13:45에 힘. 빙고스케줄을 침고하기 바람
화	- 책임자 Amanda나 Viera와 함께 앉아서 하는 체조를 11:00~11:30에 Samlingssalen에서 할 예정임(노란 유닛에서 도움을 줌) - Ninnie와 Birgitta와 함께 노래연습을 14:30~15:30에 Samlingssalen에서 함(파란 유닛에서 도움을 줌)
수	- Amanda와 트레이닝을 11:15~11:45에 함
목	- Amanda와 그룹활동을 11:00~11:45에 함(빨간 유닛에서 도움을 줌) - Annika와 노래를 14:00~15:00에 홀수 주에 함(빨간 유닛에서 도움을 줌)
금	- Amanda나 Viera와 함께 11:00~11:30에 노래와 율동을 함 - 빙고게임을 13:15~13:45에 함

4) 슬로스발렌의 특성

자연과의 접근성

슬로스발렌은 주변의 좋은 자연환경을 갖추고 있는 것이 커다란 장점이다. 도보로 5~10분만 걸어가면 내륙으로 깊숙이 들어온 바다를 만날 수 있으며 작은 배들이 정박되어 있는 평화로운 풍경을 쉽게 볼 수 있다. 또한 건물 뒤편에는 커다란 숲과 넓은 잔디밭이 있어서 산책과 피크닉 가기에 적합한 장소로 사용되고 있다.

주변의 자연환경뿐 아니라 노인주택 안에 있는 옥외정원 역시 실내공간에서 쉽게 접근할 수 있도록 계획하였다. 옥외정원은 치료적인 요소들을 감안하고 거주자들의 행동과 감각들을 고려하여 계획하였다. 즉, 치매노인들의 배회욕구를 충족시켜 주면서 안전성을 준 고리형태의 정원로, 치료용 원예박스, 분수대, 방향감각에 도움을 주는 랜드마크, 압도적이지 않고 편안함을 주는 알맞은 크기와 형태 등을 들 수 있다. 스웨덴의 Research Center Design & Health 연구소에서 2004년 노인주택에 종사하는 직원들을 대상으로 실시한 평가자료에 의하면 슬로스발렌의 경우 '자연과의 좋은 접근성' 항목에서 높은 점수를 받은 바 있다.

가족지향적인 생활

슬로스발렌은 '가족지향적인(family-oriented) 생활'을 기본 철학으로 하여 거주자들에게 가족과 같이 대해 주고 있으며 거주자의 가족들과도 친밀한 관계를 유지하려고 노력하고 있다. 노인들을 대할 때에는 항상 눈높이를 맞추며 웃는 얼굴로 이야기를 나누는 것을 볼 수 있는데, 이러한 과정을 통해 거주자는 가족과 같은 편안한 느낌을 갖는다. 노인들의 개인적인 취미생활을 격려와 협조로 지원해 주고 있으며 식사시간에도 직원과 거주자들이 한 가족처럼 함께 대화를 나누며 식사를 한다. 새로 들어온 노인들도 직원과 이웃을 가족처럼 생각할 수 있도록 여러모로 배려받고 있다. 입주 전에 적응기간을 두어 새로운 환경에 서서히 적응할 수 있도록 배려할 뿐만 아니라 입주 후에도 주로 익숙해진 담당 직원이 새 거주노인을 도와주고 노인이 적응하면 물리치료사나 다른 직원들이 자연스럽게 접촉한다. 가족지향적 생활을 바탕으로 한 직원들의 태도, 배려와 노력 등으로 인해 노인들은 잘 적응하며 건강한 생활을 유지해 간다. 이러한 세심한 관심과 배려로 노인뿐 아니라 이들의 가족들에게도 좋은 평가를 받고 있다.

밝은 색채와 조명

슬로스발렌은 노인들의 약한 시력과 위축되기 쉬운 심리를 감안하여 전체적으로 색채와 조도를 높게 하여 밝은 분위기로 계획하였다. 여러 사람들이 모이는 공동공간과 주출입구가 있는 통로공간은 커다란 유리문과 유리창으로 계획하여 일광을 최대한 받도록 하였다. 유닛마다 다른 색채로 계획하여 유닛을 쉽게 식별할 수 있도록 하였으며 높은 명도의 색채를 사용하여 실내를 밝고 환하게 하였다. 밝은 색채와 조명, 풍부한 일광은 특히 어두움이 긴 스웨덴 겨울에 자칫 우울하기 쉬운 노인들에게 신체적, 심리적, 정신적 건강에 긍정적인 영향을 미친다.

물리치료사 안나가 거주자에게 최근 건강에 대해 물어보고 있으며(▼). 책임자 아니타가 거주자의 이야기를 귀기울여 듣고 있다. ▶

2.2. 세비햄멧 Säbyhemmet

1) 지역환경 및 건물 특성

세비햄멧은 스톡홀름 시내에서 남쪽으로 약 20km 떨어진 곳에 있는 노인주택으로, 2003년 가을에 지금의 새 건물로 옮겼다. 세비햄멧 직원들과 노인들은 건물을 짓기 전 계획단계에서부터 자신들의 의견과 요구사항들을 제시하여 반영하였다. 이곳 주변은 편익시설이 집중되어 있는 시티센터, 어린이 보육시설과 일반 아파트들이 있다. 특히 어린이 보육시설은 세비햄멧 건물과 이어져 있어서 노인들이 발코니에서 어린이들이 노는 모습 등을 내려다볼 수 있도록 계획하였다.

2층으로 된 이곳은 주변의 다른 건물들과 유사한 외관, 색상과 재료를 사용하여 눈에 띄기보다는 함께 잘 어우러져 있다. 이는 주변 지역사회와의 자연스러운 통합을 목표로 하고 있기 때문에 (Socialstyrelsen, 2000) 외형적인 건물 특성까지도 주변과 조화를 이

'노후를 즐겁게 보낼 수 있는 활기찬 분위기'라는 목표를 이루기 위해 기존 지역사회와 적극적으로 긴밀한 상호관계를 갖고 있는 세비햄멧과 주변 시설들 ▼

어린이보육시설

세비햄멧

루고자 한 것이다. 세비햄멧 건물 주출입구에는 경사로가 일반 계단 오른쪽에 마련되어 있으며 센서로 작동되는 넓은 자동 현관문이 있어서 휠체어 사용자나 보행기를 사용하는 사람들도 쉽게 접근할 수 있도록 계획하였다. 건물 가운데 옥외정원을 둔 세비햄멧은 크게 4개의 유닛이 있어서 이 중 세 유닛은 치매노인들이 거주하고 있으며 남은 한 유닛에는 일반 노인들이 거주하고 있다. 초기 계획은 일반 노인용 유닛 3개와 치매노인용 유닛 1개를 배정하는 것이었으나 치매노인 숫자가 증가함에 따라 이들을 위한 거주공간을 더 많이 배정하게 되었다.

각 유닛은 8~10명의 거주자가 거주할 수 있도록 계획되었으며 총 36개의 일인용 침실로 구성되어 있다.

세비햄멧의 외관으로 건물의 주출입구와 휠체어나 보행기 이용자들을 위한 경사로를 볼 수 있다. ▲

일반 아파트

시티센터

2) 내부환경 특성

거주자 수는 총 36명으로 남자 12명, 여자 24명이 있다. 연령은 대부분 70세 이상이며 80세 이상이 26명으로 전체의 3분의 2 이상을 차지하고 있다. 노인보호주택 세비햄멧의 직원은 전일제 직원이 45명, 등록된 시간제 직원이 43명으로 되어 있다. 전일제 직원은 정식 고용 직원이라는 의미로서 80% 혹은 70%[6] 근무하는 직원까지도 포함되어 있다. 유닛 책임자 및 그룹 책임자가 각각 1명씩 있으며 숙련 간호사 7명, 보조 간호사 28명, 작업 치료사 및 물리 치료사 각각 1명씩 근무하고 있다.

새로운 노인이 이곳으로 들어오게 되면 적응하는 시간이 그리 오래 걸리지 않는 것이 세비햄멧의 장점이라고 볼 수 있다. 그 요인은 다음과 같이 설명될 수 있다. 먼저 세비햄멧의 입지인데, 기존 지역사회와 가까운 거리에 위치하여 그 지역 노인들이 평소에 익히 알고 있는 곳으로, 세비햄멧 거주자들과도 친분 관계가 있는 경우가 종종 있다. 따라서 노인주택으로 입소하게 되어도 낯설지 않고 이미 알고 있는 사람들도 있어서 적응하는 데 큰 어려움이 없게 된다. 다음은 노인들을 보다 체계적이고 가족적으로 보호하기 위해 '1:1개인접촉 시스템(1:1 Contact Person System)'을 시도하고 있다는 점이다. 이는 노인 개개인마다 담당 직원을 두어 노인의 신체적, 심리적, 사회적 건강을 향상

■ 표 3.3. 세비햄멧 거주자 연령, 성별 및 인원 수

단위: 명(총 36명)

연령	성별	거주인 수	연령	성별	거주인 수	연령	성별	거주인 수
61~70세	남	-	71~80세	남	4	80세 이상	남	8
	여	1		여	5		여	18

6 일주일 법정 근무시간 중 80% 혹은 70%만 근무하는 형태를 의미한다.

점검하도록 하고 있으며, 상황에 따라서는 노인 가족들의 요구에 따라 노인의 자산까지도 맡아서 관리하는 경우도 있다. 이러한 보호시스템은 기존 거주자뿐 아니라 새로 온 거주자도 편하게 생활할 수 있도록 해 준다.

공동공간

각 유닛마다 공동거실, 부엌 및 식당, 빨래방 등의 공동공간이 계획되어 있다. 이들 공동공간은 한 곳에 모두 집중되어 있으며 개인실과의 접근성도 좋아서 노인들이 쉽게 오갈 수 있게 되어 있다. 유닛을 관리하는 직원을 위한 사무실도 함께 배치되어 있어서 항상 노인들을 지켜볼 수 있도록 되어 있다. 공동부엌과 식당은 열린 형태로 되어 있어서 직원과 거주자 간의 상호작용과 의사소통을 원활하게 해 준다. 긴 식탁에서 거주자들과 직원들이 모여서 함께 식사를 하는 동안 자연스럽게 서로 가족과 같이 친밀하게 된다. 이러한 환경은 건강을 증진시키고 만족감을 높이며 거주자의 잔존 능력(remaining ability)을 지원해 주기 때문에(Dilani, 2005), 치유적 환경계획 시 고려해야 할 개념 중 하나이다.

옥외정원과의 시각적, 물리적 접근성을 높이기 위해 식당에서 창문을 통해 옥외정원을 볼 수 있으며 1층에서는 정원으로 쉽게 나갈 수 있도록 하였다. 노인들의 건강을 위해 햇볕을 즐기며 신선한 공기를 마실 수 있도록 여름에는 옥외에서 식사시간을 자주 갖는다.

공동거실은 공동식당과 바로 연결되어 있으며 바닥재를 달리하여 공동식당과 영역적인 분리를 하였다. 6~8명을 위한 공동거실에는 일반 가정에서 흔히 볼 수 있는 편안한 소파, 사이드 테이블, TV, 장식장 등이 있다. 이러한 공동공간은 개인실에서 쉽게 접근할 수 있어서 거주자들 간의 사회적 상호작용 증진에 도움을 준다. 같은 영역 안에 공동 빨래방과 직원용 사무실이 계획되어 있어서 직원들의 동선을 절약할 수 있도록 하였다.

세비햄멧의 다목적 공동공간은 건물 주출입구에 들어서면 바로 볼 수 있는 열린 공간으로 계획되어 있다. 이곳은 거주자뿐만 아니라 지역 사회 노인들에게까지 개방되어 있는 곳으로 취미실과 함께 아주 활발한 분위기를 지닌 곳이다. 아침마다 지역노인들이 모여서 차와 스낵을 먹으면서 이야기를 나누며, 세비햄멧 거주자들도 자연스럽게 합류하여 이들과 함께 친교를 나누기도 한다.

이러한 활기에 넘치는 지역노인들의 모임과 교류를 통해 세비햄멧 전체가 역동적이고 살아 움직이는 것을 느낄 수 있다. 즉, 세비햄멧은 지역주민들에게 공간과 시설을 제공해 주고 지역주민들은 이를 적극 활용하면서 활력을 가져다준다. 또한 다목적 공간에서는 해마다 갖는 절기행사인 부활절이나 크리스마스 때 거주자의 가족 및 친지들을 초청하여 커다란 파티를 열어 춤과 음악, 전통음식 등으로 즐거운 시간을

직원 사무실. 노인들을 항상 돌볼 수 있도록 거주자들이 많이 사용하는 공동공간 가까이 배치하였다. ▶

열린 공간형태의 공동부엌과 식당 ▲

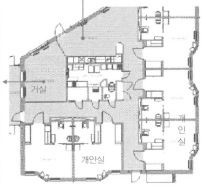

일반 집과 같은 공동거실 ▲ ▼

보내기도 한다. 이러한 행사들과 모임 등을 통하여 거주자는 침울하고
외로운 노후생활을 보내기보다는 가족이나 이웃과 활발히 교류하면서
심리적, 정신적, 사회적으로 건강한 생활을 유지하고 있다. 세비햄멧의
사례를 볼 때, 노인주택의 시설이나 공간을 거주자들만 사용하기보다
는 일부 공용공간들은 인근 지역사회 주민과 노인들도 사용할 수 있도
록 열어 놓는 것이 바람직하다.

지난 크리스마스 때 거주자 가족들을 초청하여 다
목적 공농공간에서 즐거운 시간을 가졌던 모습의
사진이다. ▶
지역사회에 개방된 세비햄멧의 다목적 공동공간 ▼

매일 아침 근처 지역 노인들이 다목적 공동공간에 모여서 차를 마시면서 즐겁게 담화를 나누고 있다. ▲

개인공간

개인실은 유닛당 8~10개가 있으며 크기는 28.5㎡로 현관, 욕실, 거실 겸 침실로 구성되어 있다. 현관은 휠체어가 드나들 수 있도록 충분히 넓게 계획되어 있으며 현관 좌우에는 수납장과 간이부엌이 마련되어 있다. 거실 겸 침실 공간에 커다란 창문과 외부 베란다로 나갈 수 있는 문이 있어서 밝고 환한 느낌이 든다. 개인공간에 있는 가구, 장식품이나 물건들은 노인들이 오랫동안 사용하였던 것을 가져온 것으로 노인의 삶의 역사와 다양한 에피소드를 기억나게 해 주는 매개체 역할을 한다. 노후에는 '회상'이 정신적, 심리적으로 중요한 요인으로 작용한다. 치매노인들이 사는 유닛은 외부 베란다에서 어린이 놀이터를 내다볼 수 있도록 되어 있다. 이는 치매노인들이 놀고 있는 어린아이들의 모습을 통해 자신의 어린 시절을 회상할 수 있는 기회를 가질 수 있고 또한 생동감과 활기를 느낄 수 있게 해 준다. 욕실은 침대 가까이에 위치하여 있으며 미닫이문으로 열고 닫기에 편리하도록 되어 있다. 욕실은 욕조가 없이 샤워시설만 설치되어 있으며 샤워할 때 편하게 앉을 수 있는 접이용 의자가 벽에 부착되어 있다. 세면대를 사용할 때에도 의자가 마련되어 있어서 낙상이나 미끄럼 등의 위험을 방지하고자 하였다. 변기 양쪽에 손잡이가 있어서 몸을 지탱할 수 있도록 함으로써 넘어짐을 방지하도록 하였다. 세면대와 변기가 있는 벽면 타일의 색채를 다르게 하여 시력이 약한 노인들이 변기와 세면대를 식별하기 쉽도록 배려하였다.

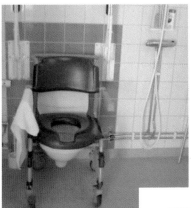

입구에 있는 간이부엌과 수납장 ▲

변기와 벽면을 다른 색으로 하여 쉽게
눈에 띄이도록 하였으며(▲) 손을 씻을
때 편하게 앉을 수 있는 의자(▼)가 놓여
있다.

현관
HALL

FÖRV

SK

PENTRY

WC/
DUSCH
욕실

SOVRUM/
ALLRUM
침실 겸 거실

발코니
BALKONG

침실공간 ▲

어린이 놀이터와 치매노인 거주건물 ▲

옥외공간

건물 중앙에는 옥외정원을 두었는데 1층에서는 자유롭게 접근할 수 있으며 2층에서는 옥외 발코니에서 내려다볼 수 있도록 되어 있다. 정원에는 치료용 원예박스들을 두었으며 여름에 자주 갖는 바비큐 파티를 위한 시설도 마련해 놓았다.

옥외정원에 있는 원예박스 ▼

바비큐 시설. 낮의 길이가 긴 5~6월이 되면 야외에서 바비큐 파티를 자주 갖는다. ▼

건물로 둘러싸인 옥외정원 ▼

기타공간

거주자들을 위한 공간으로 특수 욕조실이 있다. 노인들이 목욕을 하는 동안 향요법(aroma therapy)과 음악요법(music therapy)을 병행하여 노인의 몸과 마음을 편안하게 해 드린다. 세비햄멧에는 미용실, 취미실과 목공예실이 있어서 거주자뿐 아니라 지역사회 노인들도 자유롭게 사용할 수 있다.

향과 음악요법을 병행하고 있는 특수 욕조실 ▼   미용실 ▼

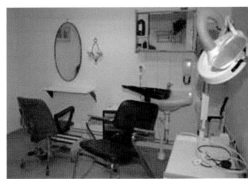

지역 주민들이 애용하는 목공예실(왼쪽)과 취미실(오른쪽). 이러한 개방공간으로 인해 세비햄멧 전체가 항상 활기와 생동감이 넘친다. ▼

3) 거주자를 위한 프로그램

세비햄멧 거주자를 위한 프로그램은 체조, 야외활동, 커피타임 등을 비롯한 다양한 활동으로 이루어졌다. 담당 직원들은 노인마다 각 표를 만들어서 활동참여 여부와 평가를 매일 기록하여 노인들의 상태를 점검한다.

■표 3.4. 세비햄멧 거주자를 위한 프로그램

활동내용 \ 요일	1	2	3	4	5	6	7	8	9	10	……	30	31
1. 체조													
2. 야외활동													
3. 커피타임													
4. 퀴즈게임													
5. 빙고													
6. 노래와 영화													
7. 파티, 피크닉													
8. 빵굽기													
9. 손톱 및 머리손질													
10. 신문보기, 독서													
11. 산책													
12. 기타			·										

○○○ 할머니/할아버지의 활동프로그램
참가여부 표시: V   활동평가:_____

4) 세비햄멧의 특성

세비햄멧이 갖고 있는 기본 철학은 '노후생활을 즐겁게 보낼 수 있는 활기찬 분위기(An active atmosphere for resident's enjoyment)'를 제공하는 것이다. 기본 철학을 실현하기 위해 고려하였던 특성들과 그 영향들을 살펴보면 다음과 같다.

시티센터와의 근접성

시티센터는 건강한 성인의 도보로 세비햄멧에서 약 5분 거리에 위치해 있다. 시티센터는 모든 상점과 식당, 우체국, 은행 등 편익시설과 금융시설이 집합된 곳으로 많은 지역사회 사람들의 왕래가 빈번한 곳이다. 세비햄멧은 이러한 장점을 살려서 노인들의 건강한 생활을 유도하고자 하였다. 직원들의 허락하에 세비햄멧 노인들은 시티센터에 가서 필요한 물품을 직접 구입할 수 있으며 몸이 다소 불편한 노인의 경우에는 담당 직원의 부축을 받아서 함께 다녀올 수 있다. 일반적으로 다른 노인주택의 경우에는 직원들이 필요한 물품들을 일괄적으로 구입한 뒤 필요로 하는 거주자에게 물품을 가져다주는 경우가 대부분이다. 그러나 세비햄멧의 경우에는 노인들이 직접 나가서 물품을 구입할 수 있도록 해 줌으로써 자연스럽게 걸어다니면서 운동을 하도록 유도할 뿐만 아니라 사람들의 왕래와 대화 소리, 상점가의 진열된 많은 상품들을 보면서 생동감 있는 자극에 노출되도록 의도하였다. 더욱이 구입하고자 하는 물품을 직접 구입하는 과정 중에 발생되는 제반 행동과 생각으로 인해 인지적인 자극까지 받을 수 있도록 하였다.

지역사회와의 적극적인 상호작용

세비햄멧 거주 노인들은 입주 전에 대부분 인근 지역에 거주하였던 주민들이었으며, 세비햄멧의 열린 공간을 애용하였던 지역 주민들이었다. 이러한 지역사회와의 활발한 상호작용으로 인해 세비햄멧으로 새로 입주한 노인일지라도 별 어려움 없이 적응할 수 있게 된다. 즉, 이전부터 세비햄멧의 시설들을 애용하면서 친숙해졌고 세비햄멧 거주노인들과도 대부분 아는 관계라서 전혀 낯선 느낌을 갖지 않고 쉽게 적응할 수 있게 된다는 것이다. 새로운 환경으로의 적응은 연약한 노인들에게는 커다란 심리적 장애물로 작용하고 이는 건강에 부정적인 영향을 미치기까지 하는데, 세비햄멧은 지역사회와의 밀접한 관계를 유지함으로써 노인들에게 긍정적인 영향을 주고 있다.

세비햄멧은 어린이 보육센터와의 상호작용을 갖고자 노력하고 있다. 세비햄멧을 계획할 때부터 어린이 보육센터 건물도 함께 짓는 방안을 모색하여 서로 연결되도록 건축하였다(62페이지 참조). 치매노인 개인실의 발코니에서 어린이 놀이터를 바로 내려다볼 수 있는데, 이는 어린이들이 놀고 있는 모습을 통해 치매노인의 기억력과 에너지를 자극시키고자 의도한 것이다. 더 나아가 세비햄멧 직원들은 어린이 보육센터 직원의 협조를 얻어 특별 프로그램을 진행시키고 있다. 즉, 부활절이나 전통 루시아 데이 때 어린이들이 준비한 노래와 춤을 세비햄멧 노인들 앞에서 공연하는 행사를 열고 있으며 앞으로 더 다양한 프로그램을 만들기 위해 노력하고 있다. 이러한 점들로 인해 세비햄멧 노인들은 물리적 환경뿐 아니라 사회적 환경까지도 지역사회와 통합되어 있음을 느끼면서 노후생활을 즐기고 있다.

직원과 노인과의 친밀한 관계

세비햄멧은 직원과 노인의 '1:1 개인접촉 시스템'을 운영하고 있다. 즉 특정 직원은 특정 노인을 전적으로 관리하도록 되어 있어서 해당 노인의 신체적, 사회적, 심리적 건강을 포함한 제반 사항들을 책임지게 되어 있다. 이러한 시스템에 의해 직원은 노인들의 상태를 잘 파악할 수 있고 보다 체계적으로 관리, 보호할 수 있어서 노인뿐 아니라 그 가족들도 세비햄멧에 대해 높은 만족도를 보이고 있다.

회상요법

노인들이 생활하고 있는 환경의 경우 옛날을 기억나게 하는 물건들은 이들의 정서에 긍정적인 자극이 될 뿐 아니라 치매노인의 경우에는 치료요법으로 활용되기도 한다. 예술품의 경우 추상적인 그림보다는 사실적인 그림이 노인들에게 더 유익하며(Dilani & Morelli, 2005; Zeisel, 2004) 과거의 생활을 기억나게 하는 평화로운 목가적인 그림은 노인들에게 평온함을 가져다준다. 세비햄멧에서는 복도나 공적 공간에 과거를 회상시킬 수 있는 옛 가구나 그림들을 마련해 놓았다. 사실적이고 어린 시절 가족들과 함께 보냈던 시간을 생각나게 하는 그림들을 주로 걸어 놓았다. 아래 사진들에 나타나는 붉은색 목제 주택은 스웨덴의 전통가옥으로 노인들에게 따뜻하고 정겨운 감정을 가져다주는 주택이다.

추수하는 시골의 목가적인 풍경 그림 ▶
통로공간에 놓인 옛 가구와 그림 ▼

세비햄멧 벽면에 커다랗게 걸려 있는 스웨덴의 전형적
인 모습을 그린 그림. 해가 오후 늦게까지 있는 5, 6월이
되면 정원에 나와서 가족들이 즐겁게 식사를 하는 모습
을 쉽게 볼 수 있다. ◀

2.3. 비그스 앵가르 Vigs Ängar

1) 지역환경 및 건물 특성

비그스 앵가르는 스웨덴 남부지방의 이스타드(Ystad) 중소도시에
있는 노인주택으로 1995년에 설립된 곳이다. 이곳은 이스타드 시내 중
심부에서 동북쪽으로 10km 정도 떨어진 곳에 위치해 있으며, 가는 도
중에는 발틱해가 펼쳐져 있다. 주변은 서로 넓게 떨어져 위치한 일반
단독주택 지역으로, 한적하고 조용한 곳이다. 주변의 일반주택과 동일
하게 단층으로 넓게 펼쳐진 비그스 앵가르의 건물은 마치 자연의 일부

비그스 앵가르의 전경. 주출입구가 오른쪽 붉은색 건물에 위치해 있으며 왼쪽으로 거주자들의 단위주거들이
청색과 붉은색으로 연결되어 있는 것을 볼 수 있다. ▼

이스타드 시내에서 비그스 앵가르로 가는 길에 볼 수 있는 넓게 펼쳐진 발틱해안

인 것처럼 느껴진다. 전체적으로 스웨덴 고유의 건물 외관 색채인 붉은 색을 주조색으로 하였으며, 청색과 함께 조화를 이루고 있다.

비그스 앵가르 건물은 다른 노인주택과 달리 앤트로포소픽 (Anthroposophy)[7] 개념에 영향을 받아 계획되었다(Husberg & Ovesen, 2007). 1990년 비그스 앵가르의 책임자이며 여성 건축가인 릴레모르 휴스베리(Lillemor Husberg)는 앤트로포소픽을 바탕으로 한 프로젝트에 참여한 바 있으며, 건축가 에릭 아스뮤센(Erik Asmussen)이 옐나 (Järna) 마을에 지은 건물들에 영향을 받았다. 에릭 아스뮤센은 앤트로

7 앤트로포소픽은 그리스어의 합성어로 '인간'이라는 'anthropos'와 '지혜'라는 'sophia'에서 유래된 말이다. 인간을 자연의 에너지 순환체제의 한 부분으로 생각하는 앤트로포소픽 연구자들은 형태, 색채, 리드미컬한 움직임(rhythmic movement)과 같은 개념들 이 사람에게 미치는 영향을 분석하여 시각예술, 교육과 양육보호 등 실제 영역에 적용시키고자 한다.

포소픽 개념을 바탕으로 건물과 마을을 계획하였으며 사람과 건물 그
리고 자연을 하나의 유기체로 생각하였다.

릴레모르 휴스베리가 비그스 앵가르 건물을 계획할 때 다음과 같은
앤트로포소픽 철학 개념을 바탕으로 하였다.

- 모든 사물과 모든 사람은 전체의 한 부분이다.
- 건물, 거주자와 직원은 주변 환경과 조화를 이루어야 한다.
- 가능한 한 많은 것들을 자연으로 되돌려 보내야 한다.
- 정원, 배수로와 지열 난방시스템 모든 것은 생태학적 사이클의 일부분이
  되도록 계획한다. 가능한 한 쓰레기는 분리과정을 거쳐 퇴비로 만들어 자
  연으로 순환되도록 한다.

건축가 에릭 아스뮤센
(Erik Asmussen)이
옐나(Järna) 마을에
지은 Vidal Clinic(▲)과
Culture House 건물 ▶

🌐 건물뿐 아니라 사람을 둘러싼 모든 것들은 사람의 정신적, 영적인 부분까
   지도 영향을 미친다.

비그스 앵가르 건물은 크게 네 영역으로 나누어 볼 수 있다. 즉, 안
내데스크, 사무실과 간호사 사무실, 다목적실이 있는 관리영역공간과
거주자들의 생활공간인 파란 유닛(Blue Unit), 녹색 유닛(Green Unit)
과 노란 유닛(Yellow Unit)이다. 이 중 파란 유닛과 녹색 유닛은 비교적
건강한 노인들을 위한 거주영역이고 노란 유닛은 치매노인을 위한 영
역이다. 이 영역들은 마치 3개의 고리가 연결되어 있는 형태를 지니면
서 통로공간을 통해 서로 유기적으로 연결되어 있다. 각 고리 안에는 3
개의 옥외정원이 계획되어 있어서 어느 곳에서든지 쉽게 옥외정원으로
접근할 수 있다. 이러한 형태는 이곳의 거주자나 직원에게 동선을 선택
할 자유를 누리도록 해 주며, 동일한 통로로만 다니지 않고 색다른 통
로를 이용하면서 실내와 실외를 자유롭게 이동할 수 있다. 이러한 특성
은 실내외 공기 순환이 원활하도록 해 주어 실내에서도 청결한 공기와
바람을 느낄 수 있다.
친환경적 개념을 도입하여 땅의 지열을 이용하는 지열시스템 바닥난
방을 하고 있으며 천연재인 목재를 외장재로 사용하였다. 사람과 자연,
건물을 서로 유기적인 관계 안에서 하나임을 느낄 수 있도록 하여 거주
자와 직원들의 신체적, 정신적, 영적인 부분까지 총체적 건강을 유지시
키고자 노력하였다. 자연과의 친밀함, 생명을 존중하는 대우 그리고 거
주자 스스로 선택한 활동과 휴식 등이 일상생활의 중요한 부분으로 이
루어지고 있다.

3개의 고리가 연결되어 있는 형태를 지니고 있는 비그스 앵가르의 전체 평면도 ▼

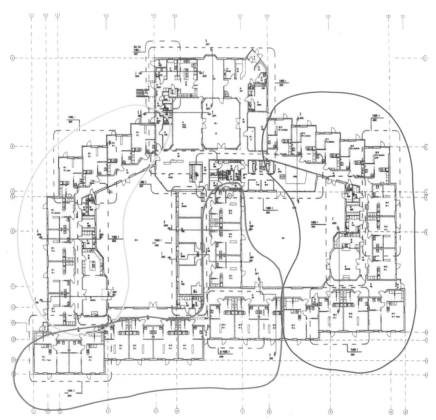

2) 내부환경 특성

비그스 앵가르에 들어서면 안내데스크 앞에 하늘색과 갈색으로 채색된 포스터가 눈에 띈다. '건강이란' 무엇인지를 정의해 놓은 것으로 거주자와 직원들의 건강한 삶이 무엇보다 중요하며, 이에 관심과 우선순위를 두고 있음을 느낄 수 있다. 신체적인 건강뿐 아니라 정신적·영적 건강까지 언급한 포스터 내용을 해석해 보면 다음과 같다.

하늘을 의미하는 파란색과 땅을 의미하는 갈색으로 된 이 포스터는

사람은 자연과 하나가 될 때 건강하게 됨을 표현하고 있다. 총체적 건
강 차원, 즉 신체적 건강뿐 아니라 정신적, 영적, 사회적 건강 관련 제
반 요소들이 서로 연결성을 가지고 땅에 뿌리를 든든하게 두고 신토불
이할 때 건강한 삶을 누릴 수 있다는 것을 강조하고 있다.

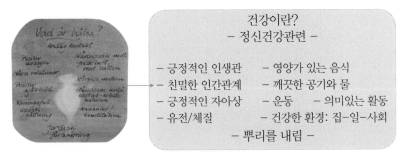

'건강'을 정의해 놓은 비그스 앵가르의 포스터와 번역내용

비그스 앵가르의 전체 거주자 수는 총 32명으로 파란 유닛에 12명,
녹색 유닛에 12명, 노란 유닛에 8명이 거주하고 있다. 파란 유닛과 녹
색 유닛은 건강한 노인들을 위한 곳이며 노란 유닛은 치매노인들을 위
한 곳이다. 유닛마다 고정직원 7명을 두고 있다.

■ 표 3.1. 슬로스발렌 거주자 연령, 성별 및 인원 수

단위: 명(총 32 명)

연령	성별	거주인 수	연령	성별	거주인 수	연령	성별	거주인 수
61~70세	남	–	71~80세	남	3	80세 이상	남	9
	여	1		여	2		여	17

공동공간

유닛마다 공동사용 공간인 부엌 및 식당 겸 거실, 그리고 빨래방이
계획되어 있다. 부엌과 식당은 한 공간으로 열려 있어서 직원들이 식사
준비하는 동안 풍기는 빵굽는 냄새는 식당이나 거실에서 기다리고 있는
거주자들의 식욕을 자극시킨다. 채식주의자를 위한 음식과 홈쿠킹 음
식이 제공되며 가족적인 분위기를 위해 직원들도 거주자들과 함께 식사
를 한다. 그러나 직원들의 경우에는 식사값을 지불하게 되어 있다.

노인주택 비그스 앵가르의 다목적 공간의 색채와 형태는 '앤트로
포소픽 철학'을 적용시킨 비달클리닉(Vidal Clinic) 건물 내의 율동실
(Eurythmy Room)과 유사하다. 이곳은 리듬에 맞춰 몸을 천천히 움
직이면서 스트레스를 풀고 건강을 회복시키는 곳으로 명도가 높은 실
내 색채, 각기 다른 높이의 벽, 패브릭으로 된 천장등, 곡선이 있는 창

벽난로가 있는 공동식당과 공동부엌. 부엌과 식당은 접이문으로 분리, 연결할 수 있도록 되어 있다. 식당에서
옥외정원으로 나갈 수 있는 커다란 유리문이 보인다. ▲

문 등이 눈에 띈다. 비그스 앵가르의 다목적 공간에서도 같은 특성들을 찾아볼 수 있는데, 이는 물리적 환경의 공간, 형태, 색채와 재료를 통해 환자를 치유하려는 의도에서 계획되었다. 이곳에서는 책 읽기, 신문 읽기 등을 비롯한 다양한 활동 프로그램과 세미나 장소로 활용되고 있다.

패브릭을 이용한 천장등과 벽부등 ▲

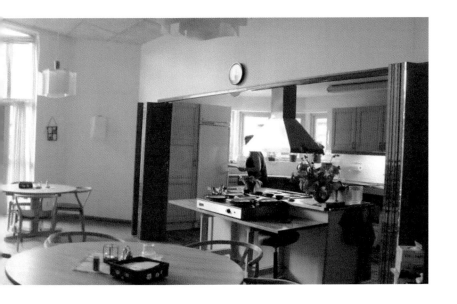

각기 다른 유닛의 공동부엌 및 식당.
넓은 유리창을 통해 최대한 자연광이
들어오도록 계획하였으며 옥외정원을
쉽게 볼 수 있고 나갈 수 있도록 접근
성을 높였다. ▶

비그스 앵가르의 다목적 공간. 옥외정원으로의 접근성이 좋은 이곳에서 거주자들은 다양한 활동 프로그램을
갖는다. ▲

3장 특수노인주택의 치유적 공간환경   89

개인공간

한 유닛당 8~12개의 개인실이 있으며 전체 32개 침상이 있다. 개인
실은 현관, 수납공간, 욕실, 거실 겸 침실로 구성되어 있다. 문턱을 없
앤 현관에 들어서면 커다란 수납공간이 마련되어 있다. 간이부엌 작업
대 아래 공간은 비워져 있어서 휠체어 사용자도 자유롭게 이용할 수 있
으며 바퀴가 달린 하부수납장은 인출이 자유롭다(90페이지 참조). 욕
실문은 미닫이문이며, 다른 노인주택과 같이 욕실에는 욕조 없이 샤워
시설만 간단히 설치되어 있으며 욕조의자가 마련되어 있다. 샤워실의
손잡이는 명시성이 높은 빨간색으로 하였으며 세면대는 휠체어 사용자
가 편리하게 사용할 수 있도록 아랫부분을 비워 두었다. 수전 손잡이도
보통보다 긴 것을 사용하여 손이 잘 닿도록 배려하였다. 비교적 넓은
공간으로 된 침실 겸 거실공간에는 거주자가 이전에 사용하였던 친숙
한 가구, 액자, 소품 등이 배치되어 있다.

건강한 노인의 경우 본인이 사용하였던 침대를 사용하며, 건강이 좋
지 않은 노인의 경우 비그스 앵가르에서 마련해 준 높낮이 조절과 이동
하기 편리한 침대를 사용한다. 외부 베란다로 직접 나갈 수 있는 문이
거실 쪽에 있으며 이곳 역시 문턱을 제거하여 접근성을 높였다. 실내
천장이 비스듬히 경사져 있어서 일반 개인집과 같은 느낌이 든다.

비스듬히 경사진 천장선과 외부 베란다로 직접 나갈 수
있는 유리문 등이 더욱 집처럼 느껴지게 한다. ▲

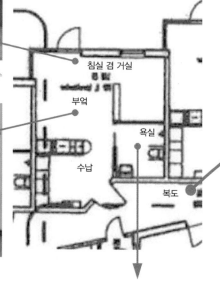

침실 겸 거실

부엌

욕실

수납

복도

휠체어 사용자도 사용하기 편리한 간이부엌 ▲

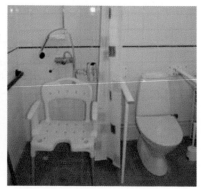

휠체어 사용자를 위한 긴 수전 손잡이와 깊이를 고려   샤워의자가 있는 샤워공간 ▲
한 세면대 ▲

폭이 넓은 현관문과 낮은 높이의 옷걸이
가 있는 현관 ◀

옥외공간

비그스 앵가르에는 건물로 둘러싸인 옥외정원이 세 곳 있으며 정원
의 구성요소를 물, 공기, 흙, 돌이라는 자연 요소들을 사용하여 계획하
였다. 세 정원 모두 접근성을 높여서 거주자들이 쉽게 옥외로 나와 자연
과 햇볕을 즐길 수 있도록 하였다. 옥외공간으로 접근할 수 있는 곳으로
는 거주자의 개인 거실에서 직접 나갈 수 있는 옥외베란다가 있다. 건물
안팎으로 옥외정원과 옥외베란다가 계획되어 있고 접근성 또한 뛰어나
서 거주자는 어느 공간에서도 쉽게 자연과 접할 수 있는 기회가 있다.

물. 공기, 흙, 돌이라는 주제로 만든 세 곳의
옥외정원. 가을날 따뜻한 햇살을 즐기고 있
는 거주자들. 다목적 공간과 연결된 작은 옥
외정원. 연못이 있는 정원의 모습 등이 다채
롭게 느껴진다.

기타공간

거주자와 직원의 건강을 위한 곳으로 수영장, 사우나실과 마사지실 및 이미용실이 있다. 이 시설들은 지역사회 사람들에게도 개방되어 있으며 거주자, 직원, 지역사회 사람들이 사용할 수 있는 요일과 시간을 따로 정해 놓고 있다. 책임자가 이곳에 수영장을 계획한 이유는, 환경은 건강의 중요한 기초(base)를 제공하고 사람은 그것을 바탕으로 활동함으로써 건강을 촉진시킨다는 생각에서 찾을 수 있다. 노인들이 편안하게 물을 즐기도록 마사지 치료 전문가가 옆에서 도와주며 물의 온도도 약 29도로 유지시켜 노인들에게 적합한 환경을 만들었다. 외부정원

거주자와 직원뿐 아니라 지역 주민들도 사용 가능한 수
영장과 사우나실 입구 ▶

으로 향한 벽면은 유리창으로 되어 있어서 수영장 실내에 채광과 살균
효과를 제공하며, 의자에 앉아서 밖을 조망하기에 적합하다.

　비그스 앵가르 통로공간은 다른 노인주택과는 몇 가지 점에서 특이
하다. 흔히 볼 수 있는 복도의 손잡이와 직선형태의 통로는 볼 수 없다.
통로를 따라 손잡이를 설치하지 않은 이유는 시설과 같은 분위기를 주
지 않기 위해서이다. 손잡이 대신 곳곳에 앉을 수 있는 소파나 의자를
두어서 언제든지 쉴 수 있도록 하였으며 보행기를 이용할 수 있도록 배
려하였다. 일직선 형태의 통로공간 역시 시설적인 느낌을 준다고 하여
지그재그 형태나 꺾은 형태로 계획하였다. 천창을 이용하여 어둡기 쉬
운 복도를 밝고 환하게 하였으며 단조로움을 없애기 위해 천장의 높낮
이에 변화를 주었다.

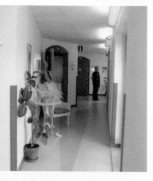

단조롭거나 지루하지 않은 다양한 형태와
모습들을 느낄 수 있는 통로공간

3) 비그스 앵가르의 특성

비그스 앵가르가 갖고 있는 기본 철학은 '앤트로포소픽'으로서 자연, 건물, 인간이 유기적인 관계 속에서 신체적, 정신적, 영적인 건강을 조화시키는 것이다. 이러한 기본 개념을 가지고 전체 평면 형태에서부터 난방방식, 마감재, 색채에 이르기까지 일관성 있게 계획하고 실행하였다.

자연과의 접근성

비그스 앵가르에서는, 전체 평면도에서 알 수 있듯이 실내 어느 곳에서든지 자연과 쉽게 접할 수 있다. 사람이 자연의 일부분임을 느낄 수 있을 때 정신적으로, 영적으로 건강해진다는 개념에서 출발한 것이다. 3개의 고리형태 건물 가운데에는 각각 옥외정원을 두었고, 개별 단위주택에서는 베란다를 통해 외부정원으로 접근할 수 있도록 되어 있어서 건물 안팎에서 쉽게 옥외공간으로 나갈 수 있도록 하였다. 접근성이 좋은 자연경관은 스트레스를 경감시키고 혈압을 저하시키며, 근육긴장을 완화시키는 변화를 가져다준다는 점에서 옥외정원은 비그스 앵가르의 긍정적인 특성으로 볼 수 있다.

다양성

비그스 앵가르는 건물 전체가 단층이라는 단조로움에 변화를 주기 위해 몇 가지 다양성을 살리고자 하였다. 우선, 거주자 개인실의 경사진 침실 천장과 통로공간인 복도의 경사진 천장을 들 수 있다. 이러한 경사진 천장선과 함께 다양한 높이를 가진 복도 천장 높이로 인해 자칫 단조롭기 쉬운 공간이 역동적인 공간으로 변화됨을 느낄 수 있다. 그러나 이러한 특성은 노인마다 다르게 느껴질 수 있기 때문에 거주자의 의

견을 고려한 뒤 반영할 필요가 있다. 또한 천장 높이가 높은 경우 통로에서 나누는 이야기가 울리게 되면 청력이 약한 노인들에게는 부작용이 초래될 수 있기 때문에 흡음재를 사용하여 에코 현상을 방지할 필요가 있다. 일직선의 시설적인 분위기를 탈피하기 위한 지그재그 형태의 복도공간, 네모난 형태의 창문 외에 반원형의 창문, 천장에 창을 낸 천창, 벽과 천장이 만나는 곳에 창을 낸 고창 등에서도 형태의 다양함을 느낄 수 있다. 공간의 영역성을 주기 위해 공간에 따라 각기 다른 바닥재료를 사용함으로써 재료의 다양성도 찾아볼 수 있다.

반원형의 창문 ▼   고창 ▼

공간에 따라 바닥재를 달리 사용하여 다양성을 추구하였다. ▲
높낮이가 다른 천장의 모습 ◀

공간의 기능에 따라 출입문의 색과 상인방의 형태를 다르게 하였다. Gösta이름이 붙어 있는 개인실, 공동공간 출입문, 직원 전용실의 문들을 볼 수 있다. ▲ (왼쪽부터)

건축적 암시

공간의 성격에 따라 출입문의 형태와 색채를 다르게 처리하여 외부에서 문의 형태를 보고도 그 공간의 특성을 추측할 수 있도록 하였다. 예를 들면 거주자가 사용하는 개인실은 출입문 상인방을 청색 계통의 칠을 한 아치형태로 하고, 사회활동을 하는 공동공간들은 출입문에 아치형태의 작은 유리창이 있는 갈색 계통의 칠을 하였다. 직원들을 위한 공간의 출입문 상인방은 갈색 계통의 칠을 한 직선형태로 처리하였다.

문틀의 색채를 다르게 하여 건물 안팎으로 나가는 출입구를 구분하였다. 건물로 둘러싸인 옥외정원으로 나가는 문틀은 베이지색으로, 건물 밖 외부로 나가는 문틀은 붉은색으로 채색하여 출구의 성격을 암시하였다.

옥외정원으로 나가는 문 ▲

건물 밖으로 나가는 문 ▲

기타 특성

비그스 앵가르 직원들은 거주자를 웃음과 따뜻한 배려심을 갖고 대함으로써 서로 가족과 같은 유대관계를 갖고 있으며 직원들 간의 관계도 협조적인 좋은 관계를 유지하고 있다. 이곳은 1998년 UN으로부터 'World Habitat Award' 상을 수여받았으며 이에 대해 커다란 자부심을 갖고 있다. 이로 인해 스웨덴 내에서뿐 아니라 국외에서도 많은 방문요청이 쇄도한다. 또한 이곳은 가능한 거주자의 잔존능력을 사용하여 건강을 향상시키려고 하고 있는데, 예를 들면 건강이 쇠약한 노인은 간호사의 도움을 받아 약을 복용하지만 건강한 노인은 처방받은 약을 시간에 맞추어 스스로 복용하도록 권유한다. 가능한 한 노인 스스로 할 수 있는 작은 일들은 노인들에게 맡김으로써 잔존능력을 사용하도록 분위기를 조성하고 있다.

거주노인과 직원, 직원과 직원들 간의 좋은 유대관계를 유지하여 거주자뿐만 아니라 직원들도 건강하게 생활하고 있다. ▼ ▶

건강한 노인들이 해당하는 요일과 시간에 맞춰 복용하기 쉽도록 약상자 위에 요일과 시간이 적혀 있다. ▼

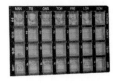

1998년 UN으로부터 수여받은 'World Habitat Award' 상장이 벽에 걸려 있다. ◀

3. 통합감각환경이 있는 노인주택

스노잘렌(Snoezelen)[8]이라고도 불리우는 통합감각환경(multisensory environment)은 다양한 시각적, 후각적, 청각적, 촉각적 자극물들을 편안하고 안전하게 계획해 놓은 환경을 의미한다. 통합감각환경은 네덜란드의 치료사 잔 훌세게(Jan Hulsegge)와 아드 벌히울(Ad Verheul)이 심각한 정신적, 감정적 부적응자들을 치료하기 위해 만든 감각자극 공간에서 출발하였다(이숙영, 디라니 알란, 2008). 통합감각환경은 설치 비용이 비싸고 일반화시키는 데 한계점이 있다는 단점을 지녔음에도 불구하고 지난 15년간 그 활용범위가 넓어짐에 따라 환경 세팅이 다양해졌고 활용 연령대가 어린아이에서 노인에 이르기까지 폭넓어졌다. 현재는 치매노인의 잠재능력을 일깨우고 문제행동을 줄이기 위해 여가적, 치유적 차원에서 널리 사용되고 있다. 실제 통합감각환경이 치매노인들의 문제행동에 미치는 영향을 실험한 연구들(이숙영, 디라니 알란, 2008; Baillon et al., 2004; Diepen et al., 2002; Hope, 1998; Lee & Morelli, 2010; Spaull et al., 1998)을 보면, 불안해하거나 초조해하는 행동들이 줄어들고 이식행동이나 배회행동이 줄어들었다. 통합감각환경에 대한 치매노인들의 반응을 알아보기 위해 간호사들을 대상으로 인터뷰를 실시한 이숙영(2008)의 연구에 의하면 몇몇 치매노인들이 '이상하다', '가기 싫다' 등 부정적인 반응을 보이기는 했지만 대부분 긍정적인 반응을 보였으며, 특히 차분해지면서 휴식을 취하거나 혹은 시선을 맞추면서 대화를 나누는 친사회적 관계가 향상된 것으로 나타났다.

스웨덴의 몇몇 치매노인시설에서는 통합감각환경을 시설 내에 마련

---

8 스노잘렌이라는 용어는 네덜란드의 snuffelen과 doezelen의 합성어로서, snuffelen은 '무언가를 발견하는 것'을 의미하며 doezelen은 '졸거나 긴장을 풀다'라는 것을 의미한다.

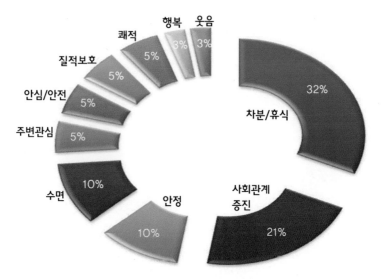

출처: 이숙영, 치매노인의 삶의 질 향상을 위한 치료, 예방적 시설환경개발 연구보고서, 2008, p.59.
■ 그림 3.4. 통합감각환경에서 나타나는 치매노인들의 긍정적인 반응

해 놓고 치매노인들에게 편안한 시간을 보낼 수 있도록 도와주고 있으며 간호사나 직원들은 이와 관련된 세미나나 교육을 받는다. 통합감각환경이 잘 관리, 운영되고 있는 플랭밍가단(Flemminggatan), 필립스타드(Filipstad), 솔베리야(Solberga) 노인주택 사례들을 살펴보면 다음과 같다.

3.1. 플랭밍가단 Flemminggatan

플랭밍가단은 스톡홀름에서 약 170km 떨어진 도시 예블레(Gälve)에 위치해 있다. 2001년에 지하 1층에 통합감각환경인 화이트룸을 만들어서 감각 자극물들을 설치해 놓고 시설의 치매노인들뿐 아니라 지역사회에 살고 있는 치매노인들에게도 개방하여 사용하도록 하고 있다. 본래 화이트룸은 네덜란드에서 처음 시작된 공간의 한 종류로서 현재 가장 많이 사용되고 있다. 레저나 휴식을 위해 사용되는 화이트룸은 치매환자나 사용자에게 특별한 요구나 압박을 주지 않는 환자중심적인 편안한 환경을 제공하는 것을 전제로 한다.

가을날 옥외정원에서 바비큐 파티를 가지면서 햇볕을 즐기고 있는 플랭밍가단 치매노인들과 직원들의 모습과, 테마별로 꾸민 통로공간의 알코브 모습들(시계 방향으로)

플랭밍가단 간호사들은 예블레 지방자치단체에서 제공하는 세미나에 참석하여 통합감각환경 치료요법과 관련된 내용들을 배운다. 플랭밍가단의 화이트룸은 명칭대로 흰색이 주조를 이루고 있는 방으로 일인용 침대, 삼인용 소파 2개 및 수납장, 그리고 프로젝터 휠(projector wheel), 버블튜브(bubble tube), CD 플레이어 및 다양한 촉각용 아이템들이 마련되어 있는 간결한 공간이다. 이는 통합감각환경의 기본 디자인 개념인 간략성과 단순성에 근거한 것으로, 많은 가구와 아이템들이 가져올 수 있는 복잡함과 비생산성에서 벗어나고자 하였다(Pagliano, 1999). 이곳의 침대는 특수 매트리스로 되어 있으며 이불과 베개 속은 작고 둥근 알맹이로 채워져서 촉각을 자극시키도록 되어 있다. 프로젝터 휠은 벽면이나 천장에 자연풍경 등을 투사시켜 노인들의 시각 감각을 자극시키는 데 사용되며, 버블튜브는 증류수로 채워진 긴 투명 튜브 안으로 물방울이 움직이면서 다양한 빛을 내는 것으로 시각적 자극을 유도하는 데 사용된다.

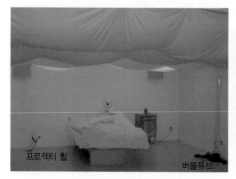

침대, 프로젝터 휠과 버블튜브 등이 있는 화이트룸의 모습

이곳에는 촉각을 자극시키기 위한 부드러운 물건에서부터 단단한 물건 등이 준비되어 있으며 후각을 자극시키기 위한 향이 나는 각종 허브나 물질들도 마련되어 있다. 혈액순환 및 촉각을 자극시키기 위해 소파에 앉아서 손과 발 마사지를 해 드리기도 한다. 화이트룸을 이용할 때에는 주로 담당 간호사나 보조 간호사가 예약을 한 후 치매노인 한 분만을 모시고 들어오기 때문에 치매노인과 일대일의 친밀한 관계에서 편안하고 자유로운 시간을 가질 수 있게 된다. 화이트룸은 치매노인뿐 아니라 직원이나 간호사에게도 긍정적인 영향을 미치고 있다. 치매노인들이 거주하는 개인실이나 공동공간은 때로는 소음이나 배회행동 등으로 인해 직원이나 간호사에게 스트레스를 주는 환경이 되기 쉽다. 이러한 환경에서 근무하다가 화이트룸으로 이동하게 되면 치매노인을 간호하는 사람들도 편안함과 흥미로움을 느끼게 된다.

삼인용 소파 2개와 촉각 자극물들이 마련되어 있는 화이트룸 ▼▶

3.2. 필립스타드 Filipstad

노인주택 필립스타드는 스톡홀름에서 서북쪽으로 약 235km 떨어진 필립스타드(Filipstad) 중소도시에 위치해 있다. 3층 건물로 된 필립스타드는 1층에 '감각훈련장소(스웨덴어로 sinnesträningen)'라고 하여 색채를 달리한 여러 개의 공간들을 계획하였다. 색채에 따라 각 방을 화이트룸(White Room), 블랙룸(Black Room), 블루룸(Blue Room)이라고 부르며 치매노인뿐 아니라 뇌졸중 환자, 지체장애 아동들도 이용할 수 있도록 하였다. 본래 블랙룸은 시각장애자의 시각 자극과 훈련을 위해 전문가들이 개발한 공간으로 벽, 천장, 바닥에 검은색 재료를 사용한 어두운 공간이며, 블루룸은 물이 있는 공간으로 신체를 감싸고 편안함과 따뜻함을 주는 물을 통해 감각교육을 시키는 공간이다. 감각훈련장소는 필립스타드가 속한 지방자치단체에서 약 10년 전부터 운영해 온 것으로 지역사회 노인들도 이곳을 이용하고 있다. 대략 10~12명 정도가 이용하고 있으며 이 중 5명이 치매노인이다.

거주자들이 좋아하는 화이트룸의 흔들의자 ▲

작은 특수물질이 속에 들어 있는 푹신하고 편안한 쿠션들 ▲

화이트룸에 있는 여러 감각기관을 자극시키는 다양한 아이템들 ◀▲

가운데 볼풀이 있음 ▼

물 이외에 빛, 소리, 향 및 재질 등으로
감각을 자극하도록 계획된 블루룸 ▶

벽은 부드러운 요철모양의 재료로 처리된 블
랙룸 ◀

3.3. 솔베리야 Solberga

노인주택 솔베리야는 스톡홀름 시내에서 남쪽으로 약 6km 떨어진 곳에 위치해 있다. 이곳에는 치매노인들의 감각들을 자극시키기 위한 여러 가지 통합감각환경이 마련되어 있다. 즉, 스웨덴 노인들이 어린 시절 공원에서 즐겼던 일들을 회상시키기 위한 '포크파켄(folkparken)', 휴식과 안정을 위한 '감각룸(sensory room)', 과거를 회상시키고 집이라는 느낌을 주기 위해 전통 가구와 색채로 꾸며진 '핀루멧(finrummet)' 응접실, 그리고 치유개념으로 계획된 옥외정원 '프레스트고즈파켄(prästgårdsparken)' 등이 있다.

시민공원이라는 뜻의 포크파켄은 솔베리야 건물 지하에 있던 창고와 탈의실을 개조하여 공원의 모습을 그대로 실내에 재현시킨 곳이다. 치매노인들이 가장 좋아하는 장소 중 하나인 이곳에는 나무와 덤불, 벤치, 연극무대, 찻집 등이 있어서 치매노인들이 이곳에 오면 공원에 온 것처럼 벤치에 앉아서 커피를 마시거나 다트게임이나 구멍맞추기 게임을 하고, 음악에 맞추어 포크댄스 등을 즐긴다. 계절에 따라 소품들을 바꾸며 가족과 만나는 장소로도 사용한다.

'감각룸'은 치매노인들에게 흔히 나타나는 분노나 걱정 등 문제행동을 줄이기 위해 계획되었다. 직원과 치매노인이 함께 음악을 듣거나 영상을 볼 수 있는 편안한 환경으로 직원과 치매노인 간의 동질감이 형성되는 곳이기도 하다. 흰색이 주조를 이루고 있으며 버블램프, 조명효과, 조용한 음악, 자연풍경을 보여주는 영상, 흔들벤치 등이 있다.

스웨덴어로 '핀루멧(finrummet)', 즉 고급 응접실이라고 불리우는 공간이 건물 입구 가까이에 있다. 마치 집의 응접실처럼 느낄 수 있도록 건물 입구에 위치시키고, 전통적인 가구, 벽지, 문양과 색채 등을 사용하여 우아한 분위기의 응접공간이 되도록 계획하였다. 치매노인들이 즐겨 찾는 이곳에서 직원과 치매노인들이 함께 차를 마시거나 이야기를 나누기도 하며 책을 읽기도 한다.

천장과 벽을 흰색으로 한 감각룸 ▶

소파에서 편안하게 음악을 들으며 영상과 버블램프를 바라보는 직원의 뒷모습이 보인다. ▶

포크파켄의 모습. 성탄절이 다가옴에 따라 빨간색의 테이블보와 크리스마스 트리 등 절기행사에 맞는 분위기로 꾸몄으며 오른편에 맞히기 게임을 할 수 있는 작은 부스들이 보인다. ▲

노인주택 솔베리야에 들어서면 바로 보이는 '핀루멧' 공간. 치매노인들은 마치 집의 응접실처럼 이곳에서 차를 마시거나 이야기를 나눈다. ▲

'프레스트고즈파켄(prästgårdsparken)'이라고 불리우는 공원이 건물 바로 앞에 펼쳐져 있다. 이 공원은 치매노인들의 치유와 재활을 위한 보조적인 역할을 위해 만들어졌다. 다양한 활동과 감각 자극을 위해 계획된 이곳은 향기나는 다양한 색채의 꽃과 덤불, 자갈길, 연못, 나무로 만든 다리, 넓은 잔디밭 등으로 구성되어 있다.

솔베리야의 치매노인들을 위한 치유정원. 다양한 향기의 꽃들과 연못, 자갈길, 새소리 등 자연으로부터 다양한
자극을 받는다. ▲ ▼

4장

스웨덴 특수주택의 미래

The Future of Special Needs Housing in Sweden

1. 특수주택의 발전

노인들이 생활하기에 불편한 주택에서 살거나 혹은 근처 지역사회에 나가는 것이 불편하거나 혹은 서비스를 잘 받지 못한다면 이들은 쉽게 소외당하거나 외롭게 생활하면서 지낼 수밖에 없게 된다. 스웨덴의 주택정책 목표 중 하나는 노인이나 장애인이 일반 사람들과 동등하게 일상생활을 해갈 수 있도록 지원해 주는 것이다. 일상활동 보조프로그램이나 안전 직원 보조프로그램 등이 이러한 조치 중 하나에 속한다. 장애물 하나하나가 그다지 중요하지 않게 보일지라도 관련된 사람들에게는 넘기 힘든 장애물이기 때문에 단지 몇몇 지역에서 개선된 것만으로는 충분하지 않다. 또한 실제로 조치를 취하여 개선된 결과나 변화들을 전체적으로 파악하는 것도 중요하다.

노인과 장애인을 동일 그룹으로 간주하는 것은 이들의 일상활동 수준이 다른 그룹들에 비해 주택정책과 같은 정책결정에 의한 영향을 더 받기 때문이다. 경제상황이 전반적으로 좋아졌다고 해서 노인과 장애인들의 생활수준이 자동적으로 더 향상되는 것이 아니기 때문에 이들의 요구를 우선적으로 해결해 줄 수 있는 정책 마련이 필수적이다. 몇 년 후에는 이들의 생활수준이 어느 정도 향상되었는지를 전국적으로 모니터링하는 일이 중요하게 될 것이다.

특수주택이 모든 문제의 해결책이 아니라는 것을 기억할 필요가 있다. 특수주택은 지역사회가 제공해 줄 수 있는 다양한 보호시스템 중 하나일 뿐이다. 홈케어, 가족과 친척들의 지원서비스, 물리적 환경으로의 접근성, 주택제공 및 개조, 기술적 지원 및 보조직원 지원 등 다른 중요한 방법들이 동시에 적절하게 병행되어야 한다. 앞으로 특수주택이 어떻게 나아갈지 그 미래를 예측하기 어렵지만 현재 추세와 미래 발전에 영향을 미칠 특정 결정요인을 근거로 추정할 수는 있을 것이다. 먼저, 경제상황과 예산을 근거로 볼 때 특수주택의 양적 확장은 그다지 활발하지는 않을 것이다. 동시에 현재 공급된 특수주택을 유지관리 및 보수하는 데 상당히 많은 비용이 들기 때문에 괄목할 만한 질적 확장도 힘들 것으로 보인다. 미래에 가능한 시나리오 중 하나는 기존 주택을 개조하여 특수주택으로 변형시키는 것이다. 가장 경제적이면서 효율적인 차원으로 전환하려는 강한 추세에 힘입어서 기존 지역사회 보호 차원에서 점차 벗어나 재택거주 형태로 귀결되리라 본다. 이러한 성향으로 인해 주간보호나 단기보호와 같은 재택간호형태를 지원하는 체제가 강화될 것이다.

1980년대 중반 스웨덴의 80세 이상인 고령인구는 약 31만 3천 명이었다. 1999년에는 43만 6천 명이 되었고, 2010년에는 49만 4천 명으로 증가되었으며, 2030년에는 80만 명이 될 것이다. 90세 이상의 인구는 향후 10년간 세 배로 늘어날 것이다. 이러한 노인인구 증가 추세를 볼 때 앞으로 몇 년 동안 특수주택으로 입주하는 사람은 지금보다 더 많아질 것이며 더 많은 보호를 필요로 할 것이다.

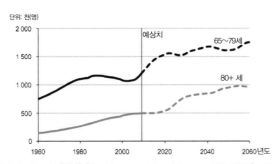

출처: Statistics Sweden(2010), 'The future population of Sweden 2010-2060', p.10.

■ 그림 4.1. 65~79세 및 80세 이상 노인인구 증가 추세

앞으로 노인들을 위해 제공될 주택형태는 많이 다를 것으로 예상된다. 그것은 지방당국의 자치권한이 커져 가고 있으며 민간 공급자의 수가 늘어남에 따라 다양한 대안책들이 제시되고 실행될 것으로 보여지기 때문이다. 또한 준수해야 할 기본 건물법규 이외에 관련 직원 및 거주자들의 선호도, 경험과 기술에 따라 다양한 특수주택 디자인과 내용이 예상되기 때문이다. 지역 상황을 감안해 보더라도 앞으로 노인을 위한 보호계획은 변화될 것이다. 더 구체적이고 명확한 기준틀이 정립됨으로써 장애물과 그에 대한 해결안이 명확해질 것이며 예산과 자원에 합당한 최상의 대안책이 제시될 것이다. 폭넓은 시각과 함께 지역사회의 경험과 선호도를 기초로 한 노인보호계획에는 기존의 생활 환경을 향상시킬 조치들과 새로운 특수주택이 나아갈 방향이 포함될 것이다. 더구나 입주자, 지역사회협회, 이익단체, 우체국 직원, 상가 주인, 건물관리인, 지방자치단체 직원 등 지역사회 관계자들이 이러한 계획에 관련되어 있다면 더 강한 합법성을 띠게 될 것이고 이로 말미암아 중요한 결과가 나타나리라 생각된다. 사용자의 수를 예상하고, 요구분석을 하고, 지역사회의 요구와 선호도를 근거로 계획한 일들을 실행시키게 될 것이다. 앞으로는 사용자의 요구 변화에 더 민감하고 융통성 있게 대응하는 보호서비스 계획을 지역사회에서 제시해야만 하며, 이를 위해서는 노인의 선호도, 특수이익단체들의 숙련도 및 기초 사회서비스 종사자들의 경험 등을 초기 계획단계에서 더 고려해야만 할 것이다.

최근 노인들을 위한 특수주택이 정체되어 있으나 이것이 노인 특수주택의 발전이 중지되었다는 것을 의미하지는 않는다. 최근에는 다양한 형태의 단기주택이 늘어가고 있는 추세에 있다. 단기 주거지는 응급보호가 필요한 재택환자나 재활을 목적으로 한 재택환자가 이용할 뿐만 아니라 심지어 어느 곳에서는 호스피스와 같은 특성을 지닌 곳도 있다. 종종 이전의 간호홈이었던 곳이나 혹은 일반 주택지역도 이러한 단기거주 주택으로 사용되고 있다.

1990년대 동안 특수노인주택을 민간 사업체에게 하청 주는 비율이 빠르게 증가하였는데 1999년에는 스웨덴 특수주택 전체 물량 중 약 10%가 민간 사업체에서 운영되었다. 비록 민간 사업체가 하청을 받아 운영하지만 노인특수주택의 사용권한, 자격과 재정은 지방자치단체의 책임하에 있었다. 몇몇 지방에서는 운영권의 절반 이상을 지방당국이 아닌 공급자에게 넘긴 경우도 있다. 스웨덴 사회에서는 운영부문을 하청이라는 경쟁구도로 몰고 가는 것이 관념상 민감하게 여겨지기는 하지만 현실적으로 저항력을 키울 수 있다고 본다. 이렇게 보호서비스부문을 경쟁에 노출시킨 기본 의도는 노인보호부문에 들어가는 총비용의 3분의 2가 특수주택으로 들어가고 있는데, 이 비용을 줄이고자 한 것이다. 노인보호부문을 민간 사업체에게 외부위탁함으로써 지방당국은 높은 비용투자로 인한 어려움에서 벗어날 수 있으며, 또한 이러한 공급방법을 통해 노인보호의 높은 질과 내용의 공급이라는 목표를 달성할 수 있다.

2. 접근방법과 해결책

노인을 위한 새로운 주택이 세워지게 되면 주로 그룹거주 개념을 가지고 출발한다. 그러나 생활수준이 낮아지고 거주자들이 더 많아지게 되면 직원비용을 절감시키기 위해서 그룹들을 통합시키는 변화가 일어날 것이다. 현재 공급되는 특수노인주택을 볼 때 몇몇 지역, 특히 대도시에서는 서비스 부문에 상당한 어려움을 겪고 있어서 현실적인 개선책이 필요하다. 거주자들이 점점 고령화되어 가고 노약해지고 있는 점이 더 커다란 문제점으로 대두되고 있다. 서비스주택의 거주자들은 나이가 많아지고 노약해져서 점차 간호홈의 거주자들처럼 되어 가고 있는데 이러한 변화와 서비스에 준비되어 있지 않은 지방당국은 이들 노인들에게 필요한 직원이나 기술, 체제 그리고 물리적 환경디자인 부문을 개선시켜 나아가야 한다.

　현재 간호홈의 경우 대부분의 건물들이 오래되었고 낡아서 보수와 리노베이션이 절실히 요구되고 있으며, 또한 거주자들이 점점 쇠약해짐에 따라 보호부담이 커져가는 문제점을 안고 있다. 간호홈에서 돌보고 있는 중증 치매환자와 심한 신체질환자들이 점점 높은 비율로 늘어나는 상황이며, 이에 따라 이곳에서 죽음을 맞이하는 노인들도 많아지고 있다. 이로 인해 간호홈의 개조는 어느 수준이 적합한지, 혹은 간호홈에서의 짧은 거주기간을 감안했을 때 어느 정도까지 거주수준을 높여야 될 것인지 등이 거론되고 있다. 많은 사람들은 사용 가능한 자원을 이용하여 직원비율도 높이고 의료와 간호수준을 높이는 것이 바람직하다고 주장한다. 바꿔 말하면, 지방자치단체의 노인보호부문이 과거로 돌아가 간호홈의 역할과 기능에 대해 다시 논의된다고 볼 수 있다.

　현재 경향에 근거했을 때 지방자치단체에서는 세 가지 형태의 보호구조를 취하면서 나아갈 것이다. 기본 구조는 일반 거주형태로 재택노인들을 위한 모든 보호를 제공해 주는 단계까지 점차 확장될 것이다. 두 번째 형태는 더 이상 집에서 생활할 수 없는 분들-어느 지역에서는 심한 치매나 심한 질환자로 혼자 집에서 생활하고 있는 분으로 규정짓고 있다-을 위해 지방당국에서는 특수주택을 제공할 것이다. 특수주택

은 질 높은 생활환경과 24시간 보호와 치료를 제공해 주는 곳으로 특
성화될 것이다. 세 번째 보호구조는 간호홈 형태로 고도의 의료 및 의
료기술과 보호를 필요로 하는 분들이 대상이 될 것이며, 거주기간은 점
차 단기적이고 임시적이 될 것이다. 실제적으로 이곳 간호홈이 죽음을
눈앞에 둔 노인들의 최종 보호주택이 될 것이다. 지방당국은 오래된 간
호홈을 목적에 맞게 개조하여 사용할 것이고 거주환경수준을 높이는
데 관심을 가질 것이다. 새롭게 개조될 싱글룸은 특별히 커다란 주거로
만들려는 의도가 없는 한 넓은 공간으로 계획하지는 않을 것이다. 불확
실한 가치나 개념을 가지고 간호홈을 개조하지 않고, 대신 준수해야 할
구체적인 원리들을 제시하여 적용시킬 것이다.

어느 곳에서 살든지 삶의 질은 기본적으로 중요한 개념이다. 이 개
념은 여러 의미를 지니고 있지만 일반적으로 자신의 개인영역에서 겪
은 경험과 함께 생활을 하고, 다른 사람들과 관계를 맺으며, 자신을 존
중하고 삶의 기쁨과 의미를 나름대로 느낄 수 있는 기회들을 의미한다.
그러나 삶의 질을 개인적, 심리적으로 해석할 때에는 실제적인 측면인
집을 디자인하거나 노인에게 제공되는 지원들을 외면해서는 안 된다.
노인들의 삶의 질은 종종 이들에게 쏟는 시간이 부족하거나 직원이 판
에 박힌 일과처럼 행동하는 일들로 인해 영향을 받는다는 것을 염두에
두어야 한다. 앞으로는 직원이 노인을 다루는 방법과 작업처리방법이
공식 전문기술로 받아들여질 것이다. 이는 지원되는 내용의 기술적인
측면이 의미가 없다는 것을 뜻하는 것이 아니라 지원방법이 점점 더 중
요해질 것이라는 의미이다.

노인 자신의 삶에 대해 결정하는 권리에는 공동결정뿐만 아니라 자
율결정도 포함되어 있다. 삶의 질을 향상시키기 위해서는 이들의 프라

이버시나 의견, 적극적인 참여를 보호해 주고 강화시켜 주어야 한다. 앞으로 몇 년 후에는 보호체제를 발전시켜서 노인들이 직접 내놓은 제안과 불편한 점들을 수렴하는 질적 시스템이 도입될 것이다. 이러한 미래 질적 보호체제는 숫자로 표시될 수 있어서 주거 내 질적 보호분석 과정을 설명할 수 있게 되며 더 효과적으로 자원을 사용하는 접근계획이 세워질 것이다.

중앙정부 차원에서의 규제가 약화되고 그 책임이 하부 조직으로 더 하향화되면 실행평가와 질적 발전이라는 프리미엄이 생기게 된다—불행하게도 간혹 이러한 프리미엄을 소홀히 생각한다. 노인보호 관련 규정에 대한 책임은 이에 대해 가장 잘 알고 있는 사람들에게 맡겨야 한다. 탈중앙화된 시설이 높은 접근성을 가지면서 고도의 전문기술을 어떻게 유지하느냐가 앞으로 중요한 문제가 될 것이다. 관리적 기술 차원에서는 올바른 태도와 규율로 노인을 대하는 것뿐만 아니라 노인들을 이해시켜서 스스로 발견한 상황들을 받아들이게 하는 뛰어난 능력까지도 포함되어 있다.

앞으로는 장기적으로 지속 가능한 주거대안책이 필요하며 이것은 통합적이고 지속적인 직원투입을 의미하기도 한다. 노인들이 지역사회 생활에 참여할 수 있는 여부는 각 개인의 일상생활이 어떻게 계획되느냐와 밀접하게 연관되어 있다. 노인과 장애가 있는 사람들이 어떤 일들을 하기 위해서는 직원들에게 많이 의존해야만 하는데 직원들의 정례적인 업무로 인해 노인들이 원하는 하루생활을 계획하고 만드는 기회가 제약을 받는다. 따라서 노인들의 경우 개인적 지원을 받을 수 있는 가능성에 따라 그들의 삶이 완전히 달라진다.

이 분야의 연구와 발전 사업은 교육, 의학, 사회학, 심리학과 이와 관련된 기술분야 등이 융화된 다학제적이고 응용적인 접근방법이 필수적이다. 실제 응용적인 연구분야에서는 사용자와의 접촉이 점점 중요하게 될 텐데, 특히 훈련과 재활과 같은 분야뿐 아니라 주거계획이나 커뮤니케이션 같은 분야에서도 중요하다. 다가올 몇 년 후에는 노인들이 서비스를 평가하고 재택검사원이 주거계획과 개인 지원에 대한 보고서를 제출하는 것이 자연스러운 일이 될 것이다. 지금까지 질적 평가를 한 연구의 단점은 문제점들만 설명하였다는 점이며, 지역사회 내 노인들의 위치와 상황에 대한 연구가 부족하였고, 평가와 지원시스템에 대한 분석이 부족하였으며, 따라서 노인들이 스웨덴 현대사회에서 부딪히고 있는 태도와 가치판단을 검토하는 체계적인 연구가 더욱 필요하다.

참고문헌

국내문헌

김혜정, 고령화 사회의 은퇴주거단지 디자인: 공간행태 이론을 중심으로, 경춘사, 2000.

송웅 편저, 치매노인시설의 공간 & 환경디자인: 치유환경으로서의 공간계획과 디자인, 시공문화사, 2002.

이숙영, 스웨덴 노인보호주택을 대상으로 한 노인건강과 삶의 질을 위한 주거환경 특성 연구. 한국주거학회, 제17권 1호, 2006.

이숙영, 디라니 알란, 스노잘렌 공간이 치매노인 동요행동에 미치는 영향, 한국주거학회, 제19권 4호, 2008.

최정신 외, 유료 치매노인 그룹홈의 개발과 관련정책, 집문당, 2003.

Lee, S. Y., Morelli A., Multi-sensory environment and agitated behavior in ageing residents with dementia. Architectural Research in Korea, Vol.12(1), June 2010.

Lee, S. Y. et al., Health supportive design in elderly care homes, Architectural Research in Korea, Vol.9(1), June 2007.

국외문헌

Baillon S. et al., A comparison of the effects of Snoezelen and
reminiscence therapy on the agitated behavior of patients with
dementia, International Journal of Geriatric Psychiatry, Vol.19,
2004.

Beck-Friis B., At Home at Baltzargården, Sweden: Libris, 1988.

Brawley E. C., Designing for Alzheimer's Disease: Strategies for
Creating Better Care Environments, John Wiley & Sons, 1997.

Coates G. J., Erik Asmussen, Architect, Byggförlaget, 1997.

Del Nord R., Architecture for Alzheimer Disease, Alinea, 2004.

Diepen E. V. et al., A pilot study of the physiological and behavioural
effects of Snoezelen in dementia. British Journal of Occupational
Therapy. Vol.65(2), 2002.

Dilani A. & Morelli A., Health Promotion by Design in Elderly Care,
Sweden: Research Center Design & Health, 2005.

Hope K. W., The effects of multisensory environments on older people
with dementia. Journal of Psychiatric and Mental Health
Nursing, Vol.5, 1998.

Husberg L. & Ovesen L., Gammal och Fri: om Vigs Ängar (Old and
Free: on Vigs Ängar), Ängsblomman, 2007.

Pagliano P., Multisensory Environments, London: David Fulton, 1999.

Socialstyrelsen (National Board of Health & Welfare in Sweden),
Good Housing for Older People and People with Disabilities,
LTAB Linköpings, 2000.

Spaull D., Leach C. & Frampton I., An evaluation of the effects of
sensory stimulation with people who have dementia. Behavioural
Cognitive Psychotherapy. Vol.26(1), 1998.

Zeisel J., Evidence-based design as health treatment. In A. Dilani (Ed.),
Design & Health III, Research Center Design & Health, 2004.

Zimmerman, S., Sloane P. D. & Eckert J. K. (Ed.), Assisted Living:
Needs, Practices, and Policies in Residential Care for the
Elderly, The John Hopkins University Press, 2001.

www.scb.se

이숙영 Lee, Sook-Young 이학박사

연세대학교 주거환경계획 전공
스웨덴 KTH Haninge Post Doc.
현) 스웨덴 Research Center Design & Health 객원연구원

「Multi-Sensory Environment and Agitated Behavior in Ageing
  Residents with Dementia」
「Health Supportive Design in Elderly Care Homes: Swedish Examples
  and their Implication to Korean Counterparts」
「포커스 그룹 인터뷰를 통한 통합감각환경이 치매노인에게 미치는 영향」
「스노잘렌 공간이 치매노인 동요행동에 미치는 영향」
「스웨덴 노인보호주택을 대상으로 한 노인건강과 삶의 질을 위한 주거
  환경특성 연구」

스웨덴의 노인을 위한
복지와 치유적 공간환경

초 판 인 쇄 | 2011년 6월 8일
초 판 발 행 | 2011년 6월 8일

지 은 이 | 이숙영
사   진 | 송규진·우성지
기   획 | 김남동
표지디자인 | 홍은표
편집디자인 | 정형일

펴 낸 곳 | 한국학술정보(주)
주   소 | 경기도 파주시 교하읍 문발리 파주출판문화정보산업단지 513-5
전   화 | 031) 908-3181(대표)
팩   스 | 031) 908-3189
홈 페 이 지 | http://ebook.kstudy.com
이 메 일 | 출판사업부 publish@kstudy.com
등   록 | 제일산-115호(2000. 6. 19)

ISBN   978-89-268-2224-1 93330 (Paper Book)
          978-89-268-2225-8 98330 (e-Book)

이담 books 는 한국학술정보(주)의 지식실용서 브랜드입니다.